기후위기와 탄소중립
수업 이야기

모두의 내일을 위한

기후위기와 탄소중립 수업 이야기

초판 1쇄 펴낸날 2023년 5월 29일
초판 2쇄 펴낸날 2023년 11월 20일

지은이 한문정
펴낸이 홍지연

편집 홍소연 이태화 차소영 서경민
디자인 권수아 박태연 박해연 정든해
마케팅 강점원 최은 신종연 김가영 김동휘
경영지원 정상희 여주현

펴낸곳 (주)우리학교
출판등록 제313-2009-26호(2009년 1월 5일)
제조국 대한민국
주소 04029 서울시 마포구 동교로12안길 8
전화 02-6012-6094
팩스 02-6012-6092
홈페이지 www.woorischool.co.kr
이메일 woorischool@naver.com

ISBN 979-11-6755-210-5 03370

• 책값은 뒤표지에 적혀 있습니다.
• 잘못된 책은 구입한 곳에서 바꾸어 드립니다.

만든 사람들
편집 한미경
디자인 책은우주다seungdesign@hanmail.net

모두의 내일을 위한

한문정 지음

기후위기와 탄소중립 수업 이야기

우리학교

기후위기 시대에도 아이들은 자랍니다 이것이 희망입니다

조천호(대기과학자)

온실가스 배출로 편익을 누리고 있는 우리는 그 대가를 다음 세대에게 치르게 하려 합니다. 지금 당장 온실가스 배출을 중단하지 않는다면 시간이 지날수록 뜨거움이 누적되는 세상으로 진입할 것입니다. 물론 뜨거운 세상에서도 인류는 살아남을 수 있겠지만, 현재 우리가 누리는 삶보다 훨씬 열악할 것입니다.

기후위기가 영향을 미치는 대기, 물, 생태는 모든 사람이 누릴 권리를 가진 공공재이며 현재와 미래 모든 세대의 공유재입니다. 그 어떤 세대도 지구 환경과 자원에 대한 우월한 권리를 주장할 수 없습니다. 우리는 조상으로부터 지구를 물려받았고 후손으로부터 지구를 빌렸을 뿐입니다. 이 세상 모든 아이는 풍요롭고 회복력이 있는 지구를 상속받을 권리가 있습니다. 기후위기에 제대로 대응하지 않는 것은 다음 세대의 권리를 짓밟는 것입니다.

최근 발표된 정부 간 기후변화 협의체IPCC 6차 보고서에서는 앞으로 10년 동안 우리의 선택과 행동이 그 후 수천 년 동안 영향을 미칠 것이라고 합니다. 그리고 모두가 살기 좋고 지속할 수 있는 미래 기회의 창이 빠르게 닫히고 있다고 합니다.

지금 우리는 갈림길에 서 있습니다. 우리 선택이 다음 세대 삶의 질을 결정합니다. 우리가 아무것도 하지 않는다면 우리는 지속가능한 지구를 물려받아 망쳐 버린 세대가 될 것입니다. 아이들은 어른들이 만들어 놓은 기후위기로 모진 시련을 겪어야 합니다. 마지막에는 이것도 한계에 부딪혀 파국에 이를 가능성이 큽니다. 우리가 위대한 업적을 달성했더라도, 다음 세대의 삶을 외면한 결과라면 그 업적은 비난받을 것입니다.

기후위기는 그 위험의 실체가 우리 눈앞에 보이지 않습니다. 게다가 우리는 내일을 걱정하면서도 오늘을 살아가기에 바쁩니다. 늘 바쁜 것이 중요한 것을 압도합니다. 이 때문에 그 위험이 다음 세대에게 아무리 크다고 해도, 굳이 비용과 불편을 감수하면서까지 대응하기가 쉽지 않습니다. 그러다가 기후위기가 눈앞에 닥친다면 이미 때는 늦습니다.

직관과 본능에 맡겨 두면 기후위기를 막을 길이 없습니다. 그나마 기댈 수 있는 것은 교육입니다. 교육은 볼 수 없는 기후위기를 알 수 있게 해 이에 대응할 수 있도록 합니다. 또한 교육은 온실가스 농도를 줄일 수는 없지만 기후위기에 맞서는 깨어난 시민을 키워 낼 수 있습니다. 기후위기를 극복하는 일은 깨어난 시민이 함께 새로운 가치를 만드는 일입니다. 자연은 생산 '과잉'으로 파괴되고 사회는 서로 간 '경쟁'으로 무너지고 있습니다. 죽어 가는 지구와 붕괴된 공동체에서 인류는 지속할 수 없으며 그런 곳에서는 생존해야 할 이유도 없습니다. 우리는 살아 있는 지구에서 태어났고 돌봄과 나눔의 공동체에서 살아야 합니다.

미래 기후는 미리 주어진 조건이 아니라 우리가 어떤 세상을 만드느냐에 달려 있습니다. 바야흐로 모든 것이 가능한 새로운 세상이 열리고 있습니다. 지금이 미래를 위한 최후이자 최선의 기회이므로 우리는 할 수 있는 모든 일을 해야만 합니다. 기후위기 시대에 희망은 홀로 가지는 것이 아니라 함께 만드는 것입니다.

이 책은 기후위기에 대해 치열하게 고민하고 창의적으로 수업을 만드는 과정을 담고 있습니다. 저자는 학생들과 함께 기후위기에 대해 계산하고 조사할 뿐만 아니라 기후위기 시대에 무엇을 먹을지, 어떤 것을 입을지, 어디서 살지, 무엇을 탈 것인가를 탐구합니다. 함께 만들어 가는 시간과 공간이 아름답습니다. 이렇게 우리 아이들이 자랍니다. 모두가 이 책을 읽기 바랍니다. 기후위기 시대에도 풋풋한 희망이 자라고 있음을 알게 될 것입니다.

머리말

기후위기 수업을 시작합니다

어느 순간부터 기후위기를 극복하기 위한 삶을 지향해야겠다는 결심을 하게 되었습니다. '변화를 꿈꾸는 과학기술인 네트워크ESC' 내 지구환경에너지위원회에서 활동하면서, 기후위기 집회에서 어쩌다 ESC 대표로 대중 연설을 하면서, 다양한 기후위기 전문가들과 독서 토론 모임을 하면서, 우연히 청소년을 위한 기후위기 책을 쓰게 되면서…… 이런 많은 순간이 모여 기후위기는 단순히 관심 분야가 아닌 철학과 실천을 동반한 삶의 지향이 되어야 함을 깨달았습니다.

기후위기 이슈는 저와 아이들의 미래에 관한 것이고, 현실이 절망스럽지만 그럼에도 불구하고 아직은 희망이 있는 것이고, 그래서 시급한 행동이 필요한 것이었습니다. 저는 과학교육을 전공한 교사니까, 저의 전문 분야에서 할 수 있는 일을 찾는 게 맞다는 생각이 들었습니다.

먼저 그린뉴딜이나 탄소중립에 관한 이론적인 토대를 세우는 것에서 출발해서, 기후위기 해결은 개인의 노력이 아니라 시스템을 바꿔야 하는 문제라는 것을 인식한 다음 그것에 맞는 수업을 개발해야겠다고 생각했습니다. 그런데 기존 기후위기 수업 자료는 현재의 빠른 탄소중립 논의를 담지 못했거나, 포괄적으로 지속가능한 발전 쪽에 머물러 있거나, 개인의 실천만을 강조하는 경우가 많았습니다.

저는 개인의 실천도 중요하지만 사회적 해결책을 함께 찾는 수업이 꼭 필요하다고 생각했습니다. 그런데 그것은 교사들끼리만 할 수 있는 일은 아니었습니다. 외부 전문가들과의 소통을 통해서 필요한 지식과 아이디어를 얻고 그것을 수업 재료로 만드는 작업을 동료 교사들과 같이 해 봐야겠다고 생각했습니다. 그리고 기후위기나 탄소중립을 위한 독립 교과가 없는 현재의 교육과정 안에서 최대한 유연하게 자리를 만들어 일단 수업을 시작해 보자고 결심했습니다.

오랜 세월 살아오며 일단 저질러야 앞으로 나아갈 수 있다는 신념을 갖게 되면서 그런 용기가 생겼나 봅니다. 그렇게 저지르고 나서 한 걸음 한 걸음 고민하면서 나아가고 아이들과 함께하면서 많이 배웠습니다. 모든 수업이 그렇듯이, 수업을 통해 저도 아이들과 함께 성장할 수 있었습니다. 이 책은 바로 그런 무모함과 용감함의 기록이고, 수많은 귀찮음을 떨치고 나름 열정을 불태운 기록입니다. 고등학교에서 살짝 펼쳤던 자리를 중학교에 오면서 더 본격적으로 펼칠 수 있게 된 것도 이 책이 나오게 된 배경이고요. 그 길에 도움을 준 모든 분께 감사드립니다.

앞으로 비슷한 길을 가실 분들을 위해, 감사의 표시를 하기 위해 되도록 자료의 출처를 밝히고 어떤 도움을 받았는지 기록하려고 하였으나 기억이나 지면의 한계로 누락된 것도 있습니다. 미리 양해를 구하고 그분들 모두에게 감사드립니다.

무엇보다 저의 수업의 주인공이고 이 책의 주연 배우인 서울사대부고와 서울사대부여중의 학생들에게 고마움을 전합니다. 특히 서울사대부고의 민정이, 시우, 그리고 지난 학기 '기후위기와 탄소중립' 수업을 함께해 준 민서, 아림이, 미솔이, 지원이, 채연이, 유주, 유나, 이안이, 다연이, 지우, 서원이, 예은이, 효진이에게 감사의 인사를 전해요.

서툰 기록이지만 아직 다른 이가 가지 않은 길이라 용감하게 세상에 내놓습니다. 이 책을 마중물로 삼아 기후위기 교육에 대한 더 풍성한 이야기가 샘물처럼 솟아나고 기후위기 교육이 더욱 활성화되기를 바랍니다. 그래서 훌륭한 기후시민이 많이 나오기를 기대합니다.

거기에 미래로 가는 희망의 이정표 하나, 걸어 둡니다.

2023년 봄

한문정

차례

0차시

수업 개설하기

오랫동안 고등학교에서 근무하다가 중학교에서 순환 근무를 하게 되었다. 고등학교에서는 통합과학과 과학탐구실험 시간을 최대한 할애해서 기후위기 관련 수업을 했다. 그런데 중학교에 와 보니 1학년에 주제선택이라는 과목이 있었다. 과학 관련이면 어떤 주제든 상관없이 수업을 개설할 수 있다고 하니, 기후위기에 대한 본격적인 수업을 해 볼 수 있겠다고 생각했다. 그래서 2학기에 주제선택 과목으로 덜컥 '기후위기와 탄소중립'이라는 과목을 개설했다. 이때만 해도 이게 무슨 의미인지 몰랐다.

그런데 2학기 수강 신청을 앞두고, 1학년 아이들에게 주제선택 과목을 설명하고 수강 신청 과정을 돕는 일을 하시는 진로 선생님이 나를 찾아왔다.

"선생님, 기후위기와 탄소중립 과목을 어떻게 홍보하실 계획이세요? 좀 걱정이 돼서요."

"네? 전 지금은 1학년 아이들 수업을 안 해서요. 아이들을 만날 일도 없고 이 과목을 개설한 것도 처음이라 어떻게 할지 아직 구체적인 계획이 없는데요. 따로 홍보도 해야 하나요?"

나의 답을 들은 진로 선생님은 우려를 털어놓았다.

"아이들이 개설 과목에 대한 설명을 들은 후 온라인에서 선착순으로 수강 신청을 하는데요. 이게 선착순에서 밀린 아이들이 원하지 않는 과목을 선택할 경우, 그 과목은 수업이 무지 힘들어요. 1학기에 그런 과목이 있었거든요."

그러니까 진로 선생님의 말씀은 내가 개설한 과목이 그렇게 될까 봐 걱정된다는 것이었다. 그제야 다른 과목을 살펴보니 '영화로 만나는 국어 이야기' '수학 그림 그리기' '유네스코 세계문화유산 탐방하기' 등등 흥미를 끄는 제목과 내용으로 채워져 있었다. 그런데 그 한가운데에 '기후위기와 탄소중립'이라니…… 너무 무겁고 재미없어 보이는 제목이 아닌가! 이런 과목을 누가 신청하지? 그것도 제일 어린 1학년이…….

조금 걱정이 되었으나 이런저런 일로 바빴던데다 엎친 데 덮친 격으로 코로나19에 감염되면서 한동안 잊고 있었다. 코로나19로 집에서 쉬고 있는데 진로 선생님에게서 연락이 왔다. 진로 시간에 소개할 3분짜리 소개 영상을 만들어 달라고.

처음엔 짜증이 났다. 어떻게 홍보해야 할지 막막한데, 아픈 사람에게 며칠 안에 영상을 만들어 내라니……. 그러나 어쩌겠는가. ppt로 간단한 영상을 만들었다. 어차피 '쉽고 재있어요!'라고는 못하겠으니 어떤 학생이 오면 좋을지 타깃을 정하고 집중공략하기로 했다.

과학이나 환경 문제에 관심이 많은 친구
더 나은 사회를 만드는 데 관심이 많은 친구
우리 학교와 나의 삶을 멋지게 바꾸어 보고 싶은 친구
지속가능하고 행복한 삶을 원하는 친구
함께해요~.

다행히 나의 전략이 통했는지, 우리 학교에 훌륭한 아이들이 많은지 무사히 모집이 되었다. 선착순 모집에서 비교적 선전하며 일찌감치 마감되었다고, 진로 선생님이 자기 일처럼 기뻐하며 전해 주셨다.

이렇게 시작되었다. 온전히 내 맘대로 '기후위기와 탄소중립' 수업하기!

일은 먼저 저질러 놓고 구체적인 고민은 그 뒤에 하는 것으로. 그 뒤의 고생 이야기는 이제부터 해 보기로 하겠다.

수업의 개요
1. 요즘 핫한 이슈인 기후위기에 대해 알아봅니다.
2. 탄소중립을 이루기위해 우리가 할 수 있는 일들을 활동을 통해 해봐요.
함께 해요!
과학이나 환경 문제에 관심이 많은 친구
더 나은 사회를 만드는데 관심이 많은 친구
우리 학교와 나의 삶을 멋지게 바꾸어보고 싶은 친구
지속가능하고 행복한 삶을 원하는 친구
함께 해요~
화학실에서 만나요!

▪ 수업 홍보 자료

1차시

나는 누구인가?
그리고 기후위기란 무엇인가?

첫 수업. 똘망똘망한 눈망울을 가진 13명의 아이들이 화학실에 모였다. 나도 처음 만나는 아이들이었고 아이들끼리도 서로 처음 보는 경우가 대부분이어서 서먹서먹했다. 그래서 첫 시간에는 자기소개를 하고 아이스 브레이킹을 하는 것부터 시작하기로 했다. 어떻게 말랑말랑하게 자기소개를 하면서 우리가 배울 기후위기와 탄소중립에 대한 오리엔테이션을 할 수 있을까 고민하다가 발견한 것이 '도둑 부캐 테스트'였다.

'도둑 부캐 테스트'는 기후 문제에 대처하는 행동을 바탕으로 유형을 나누는 간단한 테스트다. 요즘 아이들은 MBTI(성격 유형 검사)처럼 유형을 나누는 걸 아주 좋아하고 숨겨진 부캐를 찾아내는 것도 좋아하니까 이걸로 가볍게 시작해 보기로 한 것이다.

"오리엔테이션 영상은 다 봤죠? 거기서 이야기했듯이 우리는 이번 학기에 기후위기에 대해 배우고 기후위기를 극복하기 위한 구체적인 방법을 활동을 통해 배울 거예요. 오늘은 첫 시간이니까 기후위기에 대한 나의 생각이 어떤 유형에 속하는지 간단한 테스트부터 해볼까요?"

나는 이렇게 운을 뗀 후 '도둑 부캐 테스트'를 어떻게 하는지 구체적으로 설명해 주었다.

1. '도둑 부캐 테스트-내 안에 숨은 지구 도둑 부캐를 잡아라!' 사이트 (https://poomang.com/climatenow?c=3)에 들어가서 '테스트 시작하기'를 누른다.
2. '갑작스럽게 탐정이 들이닥치더니 내가 이 도시의 도둑이라고 한다. 내가 대체 뭘 훔쳤다는 거지?'라는 지문이 나오면서 테스트가 시작된다.
3. 모든 설문에 답을 하고 나면 나의 유형이 나오고, 유형에 따라 프로파일, 범행 경위, 권고 사항이 나온다.

패들렛 활용 방법도 알려 주었다.

"앞으로 우리가 하는 모든 활동은 패들렛에 올릴 거예요. 패들렛은 우리가 함께 사용할 온라인 게시판입니다. 각자 자기 이름 아래 + 버튼을 누르고 결과물을 올립니다. 그럼 학기가 끝났을 때 내가 한 모든 활동이 포트폴리오로 쌓이게 될 거예요. 그리고 옆 친구들의 결과물도 같이 볼 수 있어서 편리해요. 자, 그럼 각자 부캐 테스트를 하여 자신의 유형을 패들렛에 올리고, 권고 사항을 따로 적어 보도록 해요."

내가 먼저 부캐 테스트를 해서 그 결과를 패들렛에 올렸다.

나는 '눈사람 도둑'이 나왔다. 눈사람 도둑은 '타고나길 똑똑함. 생각하지 않고 무턱대고 행동부터 하는 사람을 싫어함. 배우고 싶은 게 많음. 체력이 안 따라 줘서 슬픔……'이라고 설명되어 있다. 체력이 안 따라 줘서 슬프다니…… 딱 내 얘기잖아?

권고 사항에는 이렇게 나온다.

똑똑한 사람인 만큼 하고자 한다면 아주 큰일을 꾸밀 수도 있음. 그치만 그 시작은 아주 작은 행동이라는 것을 기억해야 함. 예를 들면, 오늘 점심에 배달 음식 대신 도시락 싸 가기와 같은 것. 작은 행동들이 모여 큰일이 된다는 것을 명심!

아이들은 꿀벌 도둑, 눈사람 도둑, 바캉스 도둑, 커피 도둑, 초콜릿 도둑 등 다양한 유형으로 나뉘었다. 돌아가면서 자기의 유형과 권고 사항을 발표하게 했다. 테스트는 가볍게 해 본 것이지만 권고 사항은 내가 저지른 짓을 보상하기 위해 무언가를 하겠다는 결심을 담은 것이기에 큰 소리로 말해 보면 좋을 것 같았다.

덧붙여서 이 수업을 왜 선택했는지를 물어보았다. 13명의 아이들 중 4명이 '환경에 관심이 많아서'라고 대답했다. 그리고 한 명은 답하기를 주저하다가 조심스럽게 말했다.

"저…… 사실대로 말하면 선생님이 상처받으실 텐데요……."

그러자 옆 친구가 한마디 했다.

"야, 그럼 처음부터 말을 꺼내지 말았어야지!"

나는 웃음을 참으며 솔직하게 말하라고 했다.

"사실은 다른 과목을 듣고 싶었는데 고민하는 동안 그 과목의 신청이 끝났어요. 그래서 그다음으로 고른 거예요."

아이는 내 예상을 한 치도 벗어나지 않은 답을 했다.

그러나 나머지 아이들은 하나같이 "재밌을 것 같아서 신청했어요"라고 답하는 게 아닌가! 물론 특별히 할 말이 없어서 그렇게 말했을 수도 있다.

'내가 너무 명랑하게 소개를 했나? 괜찮은 과목이라는 기대를 주었나? 어떻게 재밌을 것 같다는 아이들이 이렇게 많지?'

여러 가지 생각이 들면서 부담이 팍팍 되기 시작했다. 원래 그 전해에 고등학교에서 했던 활동을 중심으로 분량을 늘려서 하려고 했는데, 그걸로 과연 중학교 1학년의 흥미를 끌 수 있을 것인가? 고민이 깊어졌다.

다음 시간에는 본격적으로 기후위기로 인한 기상 이변과 그에 따른 피해를 알아보기 위해 KBS 다큐멘터리 〈붉은 지구〉 1부 〈엔드게임 1.5℃〉를 보았다.

〈붉은 지구〉 1부는 이 영상이 제작된 2021년, 지구에서 일어난 광범위한 기후 재난을 총체적으로 잘 보여 준다. 영상에는 산불이 마을을 집어삼킬듯이 번지는 모습과 폭우로 인해 민물이 대거 유입되는 바람에 양식장의 전복이 전부 폐사한 모습이 나온다. 산불이 난 동네 주민의 인터뷰와 굴 양식장 사장님의 한숨을 통해 기후위기가 먼 곳의 이야기가 아니라 우리 이웃에게 일어나고 있는 일임을 알려 준다.

또한 영상은 캐나다 사람들이 겪은 폭염, 미국 텍사스 사람들이 경험한 한파, 러시아 영구동토층의 해빙 등을 통해 상상할 수 없었던 기상 이변을 처음 겪은 사람들의 기막힌 사연을 실감 나게 소개한다. 전 세계에서 일어나는 산불, 폭염, 홍수, 가뭄, 폭설 등의 기상 이변이 기후위기 때문임을 과학적 설명을 덧붙여 들려준다.

영화 〈승리호〉의 아역 배우가 출연해서 현재의 위기를 불이 난 집에 비유한 인트로도 인상적이었고, 배우 여진구 님의 차분한 내레이션도 좋았다. 그리고 유튜브에 방송 전편을 공개해서 교육적으로 활용하기 쉽게 한 것도 좋았다.

이 영상을 고등학생들은 무척 열심히 보았는데, 중학교 1학년도

<붉은 지구 활동지>

학번(　　　　) 이름(　　　　)

1. 나래에션을 맡은 사람은 누구인가요? 여진구

2. 기후변화로 인해 전 세계에서 일어나고 있는 기상이변의 사례를 적어주세요.(산불, 홍수, 가뭄, 폭염 등등)

산불이 점점 자주 일어나며 사람사는 곳까지 내려와 생명을 위협한다. 연기가 바람을 타고 샌프란시스코와 같이 붉은 하늘을 만드는 일이 발생한다. 오로빌 호수는 사상 최저 수준으로 수위가 낮아져 메마른 황무지가 되었고 선착장이 닫게되었다. 가뭄과 메마른 땅으로 인해 식량과 직장까지 잃는 경우가 늘어나고 있다. 대기에 쌓인 에너지로 인해 더워진 모든 곳은 극한의 날씨와 폭염·폭우 빈번을 일으키고 그로인해 산사태나 홍수 등의 재난·재해가 일어난다. 온실가스 농도로 열기가 쌓여 수증기가 모이고 태풍과 강한 폭우가 나타난다. 폭우로 민물이 내려와 바닷물이 짜지 않게 변해 전복이 모두 죽어버리며 열기로 인해 많은 해양생물이 죽었다. 텍사스와 같이 따뜻했던 곳에 폭설과 추위가 갑작스레 찾아와 모든 게 얼었다. 시베리아에 큰 산불이 일어나 북극에 가까이까지 불이 번졌으며 곳곳에 거대한 싱크홀이 생기기도 한다. 땅 아래 얼음이 녹아 물이 호수로 흘러오며 지형이 변했다. 또 땅 밑 얼음이 녹아 쌓여 가라앉고, 영구동토층의 메탄이 배출되고 있다.

3. (　　)를 채워봅시다.

(1) 기후변화로 인해 극지방과 적도의 온도 차이가 작아지면 에너지 (순환)이 잘 이루어지지 않는다.

(2) 영구동토층에는 강력한 온실가스인 (메탄)이 매장되어 있는데 기후변화로 영구동토층이 녹으면 (메탄)이 배출되어 기후변화가 더욱 가속된다.

(3) IPCC 1.5도 특별보고서에서는 기후변화로 인한 최악의 상황을 피하려면 산업화 대비 온도 상승을 (1.5)℃ 이하로 막아야 한다고 하였다. 그런데 2021년 8월에 나온 6차보고서에서는 (2021)년에서 (2040)년 사이에 그 온도에 도달할 것이라는 예상이 나와 이전에 전망한 것보다 10년이 앞당겨졌다.

4. 티핑포인트란 무엇인가요?
↳ (임계점)

온실가스를 0으로 줄여도 지구가 스스로 계속 뜨거워 지는 시점, 지구가 통제불가해지는 한계점

5. 기후변화를 엔드게임에 비유한 의미는 무엇일까요?

티핑포인트가 되기 최후의 순간에 와있으며 지구가 통제불능으로 망가지기까지 얼마남지 않았기 때문이다.

▪ 활동지 예시

잘 볼 수 있을지 살짝 걱정을 했다. 그러나 아이들은 진지하게 영상을 보았고, 영상을 보고 난 후에는 정성껏 활동지를 작성했다. 아이들은 활동지에 산불, 홍수, 가뭄, 폭염 등 기후변화로 인해 전 세계에서 일어나고 있는 기상 이변의 사례를 적고, IPCC 1.5도 특별 보고서와 6차 보고서의 내용으로 빈칸을 채우고, 티핑 포인트가 무엇인지 정리해 적었다.

마지막으로 영상을 본 소감으로 대부분의 아이들이 '이 정도로 심각한 줄 몰랐다' '경각심을 느꼈다' '너무 무섭다' '더욱 관심을 가지고 기후위기 극복을 위해 노력해야겠다'는 내용을 남겼다. 한 아이는 이렇게 한 줄 적었다.

'백 살까지 살아야 하는데 마흔 살밖에 못 살게 생겼다.'

수업의 흐름(2시간 블록 수업)

활동 1: 도둑 부캐 테스트하기

결과 패들렛에 올리기

권고 사항 따로 쓰기

각자 자신의 유형과 권고 사항을 말하고 이 수업을 선택한 이유 발표하기

활동 2: 〈붉은 지구〉 시청하기

〈붉은 지구〉를 시청하면서 활동지 작성하기

내용 정리하고 소감 나누기

참고

- 도둑 부캐 테스트: https://poomang.com/climatenow?c=3
- 〈붉은 지구〉 1부 〈엔드게임 1.5℃〉
  https://www.youtube.com/watch?v=0a7y1DEuASM

2차시

우리 동네의 과거, 현재 기후 알아보기

아직 과학을 폭넓게 배우지 않은 중학교 1학년이어서 기후위기에 대해 본격적으로 살펴보기 전에 기후와 날씨 요소에 관한 기본 개념부터 익힐 필요가 있었다. 이건 이과 출신이 아닌 일반인도 마찬가지다. 기후의 기본이 되는 과학 개념을 모르는데 바로 기후위기 이야기를 하면 충분히 이해하지 못하는 경우가 많다. 그래서 우선 기상과 기후에 대한 ○× 퀴즈로 워밍업을 하고 기상과 기후는 어떻게 다른가로 수업을 시작했다.

1. 기상은 날씨 또는 일기라 말하며, 짧은 시간 동안의 대기 상태를 말한다.
2. 기후는 보통 10년간 관측한 날씨 정보의 평균값을 말한다.
3. 대기권은 고도에 따른 기온 변화에 따라 4개 층으로 나뉜다.
4. 대기의 습하고 건조한 정도는 상대습도로 나타낸다.

5. 태풍은 온대 저기압이다.

(정답: O, X, O, O, X)

위의 내용을 정리해 보면 다음과 같다.

기상은 날씨 또는 일기라 말하며, 짧은 시간 동안의 기온, 비, 바람 같은 대기 상태를 말한다. 기후는 어떤 지역에서 오랜 시간 반복되는 평균적인 기상 현상을 말한다. 보통 30년간 관측한 날씨 정보를 평균한 값이다. 흔히들 기상은 그날의 기분에 비유하고 기후는 사람의 성격에 비유하곤 한다.

기온은 공기의 온도를 말하며, 대기권은 기압에 따라 대류권, 성층권, 중간권, 열권의 4개 층으로 나뉜다. 대기의 습하고 건조한 정도는 상대습도로 나타낸다. 상대습도는 다음과 같은 식을 이용해서 구할 수 있다.

$$\text{상대 습도}(\%) = \frac{\text{현재 수증기량}}{\text{포화 수증기량}} \times 100 = \frac{\text{이슬점에서의 포화 수증기량}}{\text{현재 기온에서의 포화 수증기량}} \times 100$$

강수량은 어떤 지역에 일정 기간 내린 비, 눈, 우박 등의 양을 측정한 것이다. 기압은 공기의 압력으로 지표에서 대기의 압력을 1기압이라고 하며 1기압은 1013헥토파스칼이다. 바람은 공기의 흐름이다. 공기가 기압이 높은 곳에서 낮은 곳으로 이동하며 생긴다. 그리고 태풍은 북태평양에서 만들어진 열대 저기압이다. 수많은 적란운이 모인 거대한 소용돌이로 엄청난 비바람을 동반하여 위력을 발휘한다.

아이들이 생각보다 더 아는 것이 없어서 당황했다. 그래도 아이들이 알아야 할 최소한의 개념을 설명했다.

그 후엔 기상청 기상자료개방포털 사이트(https://data.kma.go.kr/cmmn/main.do)에 들어가서 우리 동네 기후를 직접 살펴보는 활동을 했다. 우리 학교는 모든 아이들이 크롬북을 가지고 있고 교과에서 많이 활용하고 있어, 아이들이 검색이나 자료 찾기, 자료 변환, 과제 제출 등에 익숙하다.

좀 더 구체적으로 살펴보면 다음과 같다.

기상자료개방포털 사이트의 '기후통계분석'에서 '우리나라 기후평년값'으로 들어가서 구평년(1961~1990)과 신평년(1991~2020)의 월별 기온과 강수량 그래프를 비교해 보았다. 그래프를 보면 우리나라는 7월에 강수량이 가장 많았고 8월에 기온이 가장 높았다. 강수량이 7, 8월에 집중되어 있는 것이다. 30년 전 서울의 평균 기온은 24.6도였는데 현재 서울의 평균 기온은 25.3도로 0.7도가 올랐다.

우리나라 날씨의 기본적인 특징을 살펴본 후 기상청 기후정보포털 사이트(http://www.climate.go.kr/home/)로 들어갔다.

'기후변화 시나리오'에서 '과거 기후변화' 하위 항목인 '관측자료'

구평년(1961~1990)

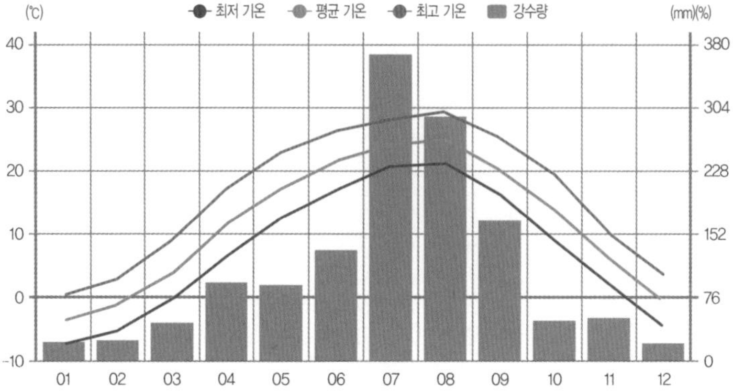

평년값

지점명	평균 기온(℃)	최고 기온(℃)	최저 기온(℃)	강수량(mm)	평균 풍속(m/sec)	습도(%)	일조 시간(hr)	해면 기압(hr)
서울	24.6	28.5	21.6	369.1	2.3		121.2	1006

신평년(1991~2020)

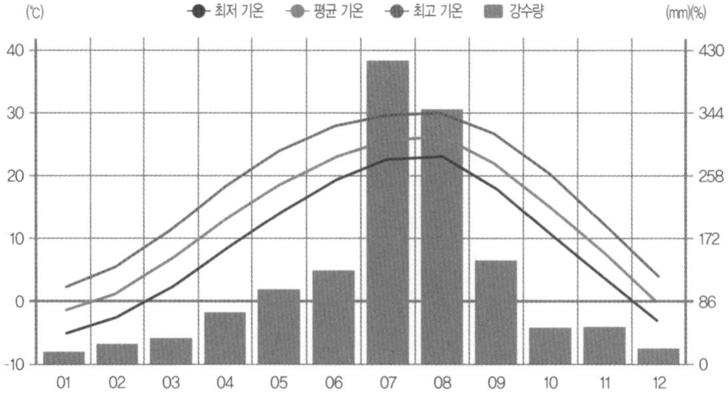

평년값

지점명	평균 기온(℃)	최고 기온(℃)	최저 기온(℃)	강수량(mm)	평균 풍속(m/sec)	습도(%)	일조 시간(hr)	해면 기압(hr)
서울	25.3	29.0	22.3	414.4	2.2	76.2	123.6	1006

▪ 서울의 구평년(1961~1990)과 신평년(1991~2020)의 월별 기온과 강수량 그래프 비교

로 들어가서 서울의 100년간 평균 기온 그래프를 구하고 서울의 평균 기온이 100년 동안 몇 도나 올랐는지 수치를 구하도록 했다. 그래프에서는 대강의 경향성은 나오지만 정확한 수치는 확인하기 어려우므로 엑셀 파일을 다운받아 수치를 확인하도록 했다.

◆ 과제 1 ◆

1. 서울의 최근 100년간 평균 기온 그래프 구하기
2. 서울의 평균 기온은 100년 동안 몇 도나 올랐는가?

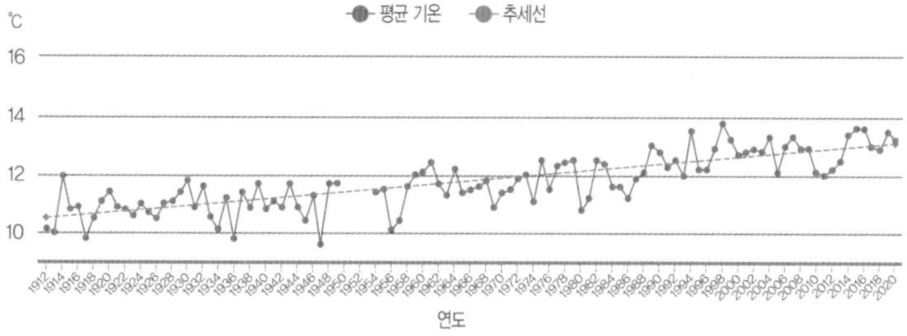

| 총괄표 |

구분	경향성(10년당)	평균값
평균 기온(℃)	+0.24	11.8

▪ 서울의 평균 기온 변화 경향

표를 보면 서울의 평균 기온은 100년 동안 무려 2.4도나 오른 것을 알 수 있다! 전 세계가 산업혁명 대비 1.5도 상승에 벌벌 떨고 있는데 서울은 불과 100년 사이에 이렇게나 많이 오른 것이다.

그다음 과제는 서울의 최근 100년간 강수량 그래프 구하기다. 강수량은 크게 변화는 없지만 조금씩 늘어나고 있는 추세다.

◆ 과제 2 ◆

1. 서울의 최근 100년간 강수량 그래프 구하기

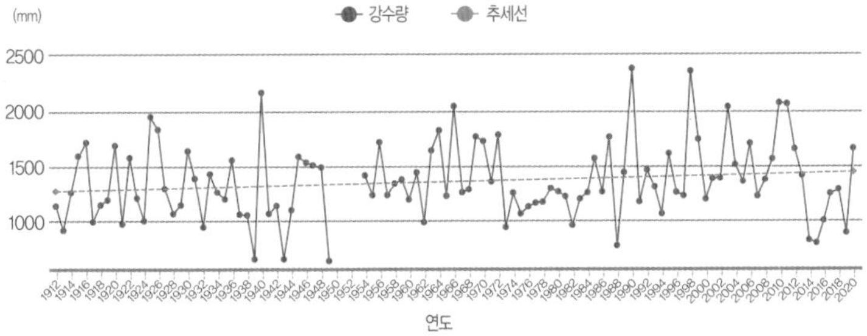

| 총괄표 |

구분	경향성(10년당)	평균값
강수량(mm)	+14.81	1346.6

▪ 서울의 최근 100년간 강수량 그래프

지구의 평균 기온이 점차 오르는 그래프는 교과서나 책에서 흔히 볼 수 있다. 그러나 나는 아이들에게 그것이 글로벌한 이슈일 뿐만 아니라 내가 사는 도시의 일이라는 것을 구체적인 데이터를 가지고 말하고 싶었다. 그리고 우리 동네의 데이터를 내가 직접 기상청 사이트에서 구할 수 있다는 것을 체험하게 해 주고 싶었다.

여기까지 활동을 마치고 시간이 조금 남아 북극의 빙하 위에서 피아노를 연주하는 영상을 보며 수업을 마무리했다. 이탈리아 피아니스트 루도비코 에이나우디Ludovico Einaudi가 북극을 위한 엘레지를 연주하는 동안에도 빙하는 처연한 울음소리를 내며 무너져 내리고 있었다.

수업의 흐름(2시간 블록 수업)

기상과 기후, 날씨 정보에 대한 퀴즈 풀이와 설명
활동 1: 우리나라(서울) 기후의 특징 알아보기 & 최근의 기후 비교
활동 2: 서울의 100년간 평균 기온 그래프 구하기, 서울의 100년간 평균 기온 변화량 구하기, 서울의 100년간 강수량 그래프 구하기
동영상 시청(빙상 위 피아노 연주회)으로 마무리

참조

이 활동은 2021년 ESC '어른이 실험실 탐험'에서 건국대 최영은 교수님이 진행한 '우리 동네 과거, 현재, 미래 기후 알아보기' 프로그램과 자료를 참조했다.

참고

- 『단번에 개념 잡는 기후변화』, 박지선·박영희·한문정, 다른
- 기상청 기상자료개방포털: https://data.kma.go.kr/cmmn/static/staticPage.do?page=intro
- 기상청 기후정보포털: http://www.climate.go.kr/home/
- 빙상 위 피아노 연주회: https://www.youtube.com/watch?v=ZMqfRINIQOk

3차시

우리 동네의 미래 기후 알아보기

지난 시간에 우리 동네의 과거와 현재 기후를 살펴본 데 이어 이번 시간에는 우리 동네의 미래 기후를 예측해 보기로 한다. 미래 기후를 예측하기 위해서는 먼저 IPCC가 어떤 단체인지, 기후위기 시나리오는 어떻게 만드는지에 대해 알아야 한다.

IPCC(정부 간 기후변화 협의체)는 세계기상기구WMO와 유엔환경계획UNEP이 1988년에 공동으로 설립한 국제기구다. 기후위기에 대한 영향과 국제적 대응 방안을 제시하고 유엔 기후변화 협약의 실행 여부를 점검하며 평가 보고서를 발행하는 것이 주요 임무다.

1차시에 본 〈붉은 지구〉 영상에도 나왔는데, IPCC 1.5도 특별 보고서에서는 기후위기로 인한 최악의 상황을 피하려면 산업화 이전 대비, 온도 상승을 1.5도 이하로 막아야 한다고 강조한다. IPCC 보고서는 주기적으로 기후위기와 관련하여 가장 신뢰할 수 있는 전망을 내놓는데, 현재 6차 보고서까지 나와 있다.

IPCC 보고서에서는 미래를 예측하기 위한 기후변화 시나리오로 'RCP 시나리오'를 사용하고 있다. 기후변화 시나리오는 인간 활동에 의한 기후변화가 언제, 어디서, 어떻게 일어날지를 예측하기 위해 기후변화 예측 모델(지구 시스템 모델)을 이용하여 계산한 예측 정보를 말한다.

RCP 시나리오가 어떻게 만들어지는지에 대한 과학적 설명은 너무 복잡해서 이 수업에서는 생략하고 4개의 시나리오가 무엇을 뜻하는지만 간단하게 설명했다.

"우리가 미래를 정확하게 예측하기는 힘들지만 여러 시나리오에 따라 고려할 요소를 넣어서 시뮬레이션을 해 볼 수는 있어요. 그래서 가정에 따라 여러 개의 시나리오가 있는데, IPCC가 내놓은 4개의 시나리오를 RCP 2.6, 4.5, 6.0, 8.5라고 해요. 별다른 노력을 하지 않고 지금처럼 온실가스가 배출되는 것을 가정했을 때의 시나리오가 RCP 8.5이고, 지금부터 온실가스를 줄이기 위한 노력을 엄청 많이 해서 탄소중립을 이루는 것을 가정한 시나리오가 RCP 2.6이에요. RCP 4.5와 RCP 6.0은 그 사이인데 RCP 4.5는 온실가스 저감 정책이 상당히 실현되는 경우, RCP 6.0은 온실가스 저감 정책이 어느 정도 실현되는 경우예요. 각각의 시나리오에 따라 미래의 기후를 예측해 볼 수 있어요."

그리고 기상청 기후정보포털로 들어가서 기후위기로 인한 영향을 전반적으로 살펴보았다.

먼저 '기후변화 영향 정보'에서 계절의 길이를 살펴보았다. 사람들은 기후위기가 심화되면서 봄과 가을이 짧아졌다고 생각하는데, 실제로 봄과 가을의 길이는 거의 변하지 않았다. 자료를 보면 30년 전에 비해 여름이 20일 늘어나고 겨울이 22일 줄어서 현재 여름은 118일이다. RCP 8.5에 따르면 2100년에는 여름이 146일이나 된다.

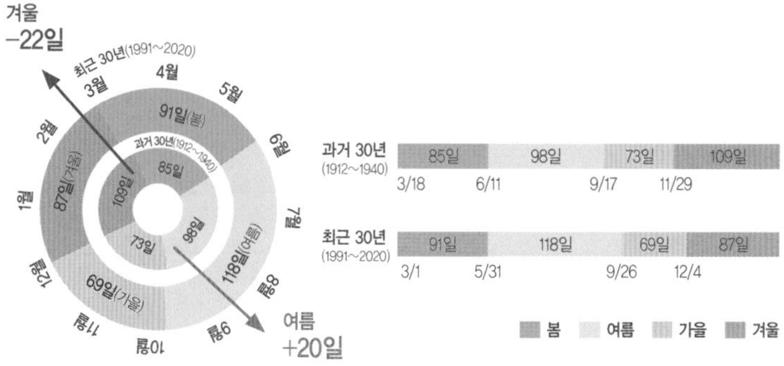

▪ 계절 길이 변화

다음으로 아열대 기후 지역 전망을 RCP 8.5와 RCP 2.6을 비교하여 살펴보았다. 아열대 기후 지역 전망을 보면 RCP 8.5에서 2100년이 되면 강원도와 인접 지역을 제외한 우리 국토의 절반 이상이 아열대 기후에 들어가게 된다.

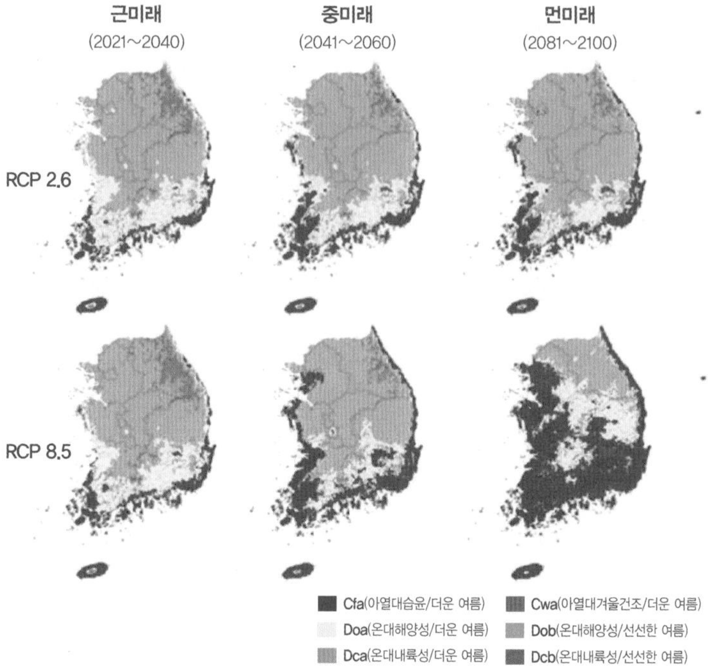

출처: 기상청 기후정보포털

▪ 미래 우리나라 기후형 구분

그다음으로 RCP 시나리오에 따른 21세기 후반기 폭염 일수와 열대야 일수를 지도를 통해 살펴보았다. 전국적으로 RCP 2.6에서 8.5로 갈수록 폭염 일수와 열대야 일수가 크게 증가하는 것을 볼 수 있다.

여기까지 함께 살펴본 후 본격적인 활동으로 앞으로 우리 동네의 기후는 어떻게 될 것인지를 전망해 보았다. 먼저 우리 학교가 위치한

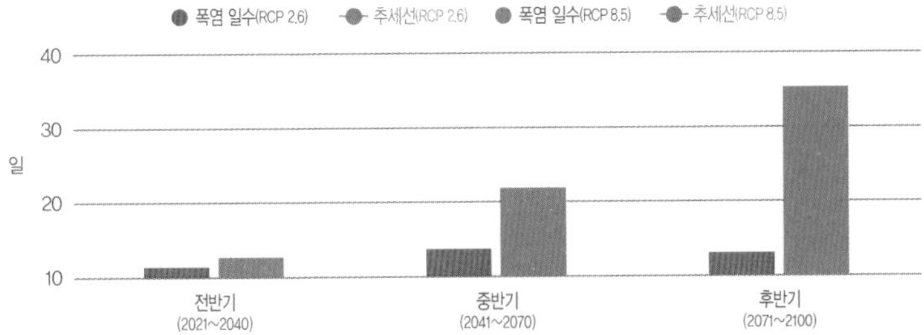

| 총괄표 |

구분	전반기 (2021~2040)	중반기 (2041~2070)	후반기 (2071~2100)	경향성 (10년당)
폭염 일수(일) RCP 2.6	11.2	13.4	12.7	+0.26
폭염 일수(일) RCP 8.5	12.3	21.5	35.5	+4.23

▪ RCP 시나리오에 따른 21세기 폭염 일수

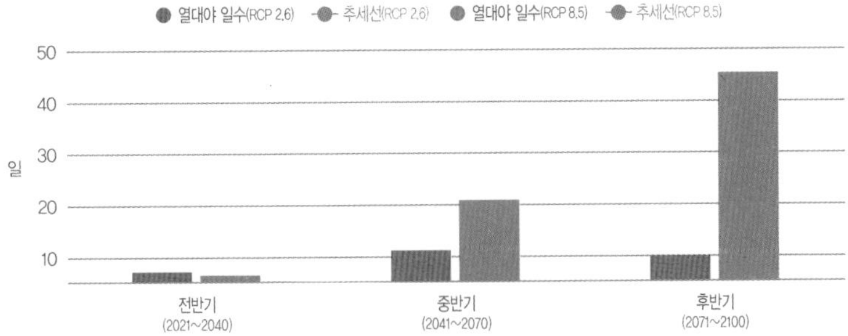

| 총괄표 |

구분	전반기 (2021~2040)	중반기 (2041~2070)	후반기 (2071~2100)	경향성 (10년당)
열대야 일수(일) RCP 2.6	7.0	11.4	9.9	+0.49
열대야 일수(일) RCP 8.5	6.2	20.8	45.2	+7.13

▪ RCP 시나리오에 따른 21세기 열대야 일수

이화동을 중심으로 미래에 평균 기온이 어떻게 변할 것인지 살펴보았다.

기본 분석에서 시나리오를 택하고 읍면동을 눌러 이화동을 선택한 후 기후 요소에서 평균 기온을 선택했다. 기간은 21세기 전망, 전/중/후반기를 선택했다. 전반기, 중반기, 후반기로 나누어 RCP 8.5와 2.6를 두 가지 색으로 하여 막대그래프로 나타냈다. 아이들은 자신이 사는 동네인 이화동, 혜화동, 창신동, 성북동으로 각자 데이터를 구했다.

이어서 같은 방법으로 우리 동네의 폭염 일수, 열대야 일수를 구했다. 폭염 일수, 열대야 일수는 시간이 지날수록 증가하고 RCP 8.5에

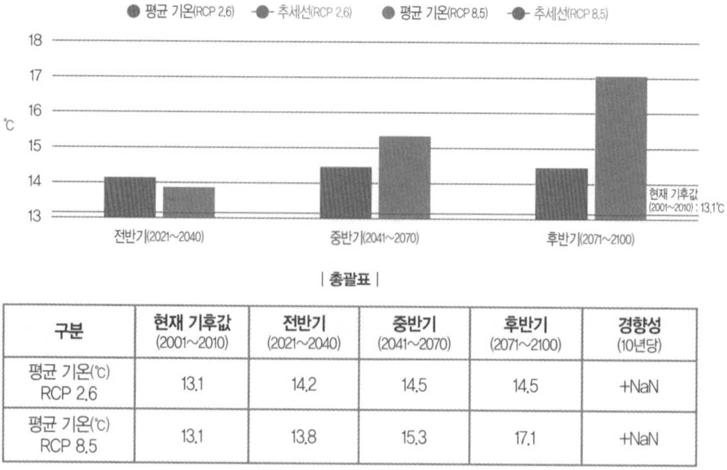

| 총괄표 |

구분	현재 기후값 (2001~2010)	전반기 (2021~2040)	중반기 (2041~2070)	후반기 (2071~2100)	경향성 (10년당)
평균 기온(℃) RCP 2.6	13.1	14.2	14.5	14.5	+NaN
평균 기온(℃) RCP 8.5	13.1	13.8	15.3	17.1	+NaN

• 우리 동네(이화동)의 미래 평균 기온

서 특히 많이 증가하는데, 아이들이 사는 동네에 따라 숫자가 조금씩 차이가 있었다.

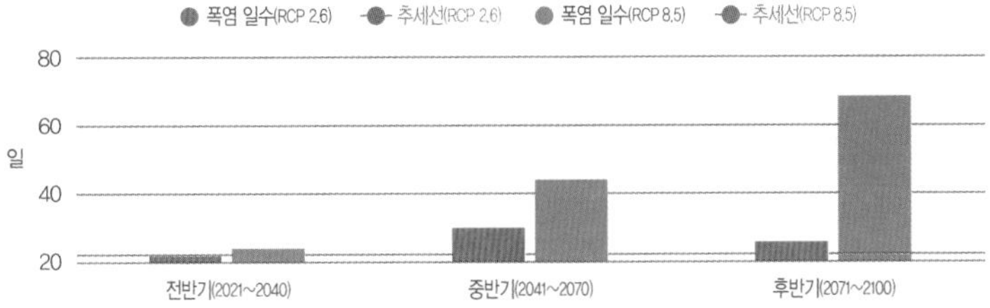

| 총괄표 |

구분	전반기 (2021~2040)	중반기 (2041~2070)	후반기 (2071~2100)	경향성 (10년당)
폭염 일수(일) RCP 2.6	19.8	29.1	23.3	+NaN
폭염 일수(일) RCP 8.5	21.2	44.2	69.0	+NaN

- 우리 동네(이화동)의 미래 폭염 일수

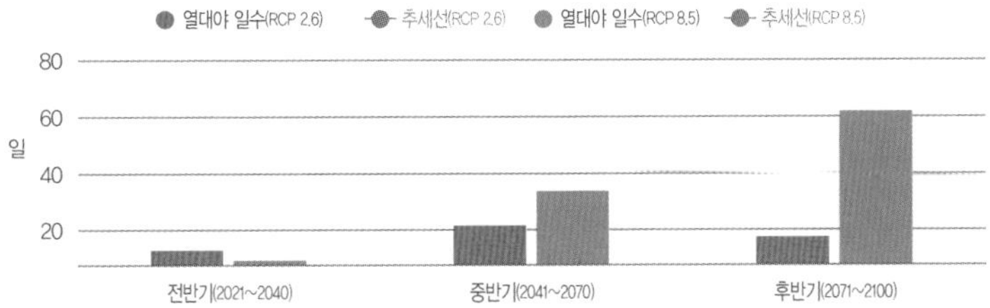

| 총괄표 |

구분	전반기 (2021~2040)	중반기 (2041~2070)	후반기 (2071~2100)	경향성 (10년당)
열대야 일수(일) RCP 2.6	13.9	21.6	18.3	+NaN
열대야 일수(일) RCP 8.5	11.2	32.8	61.8	+NaN

- 우리 동네(이화동)의 미래 열대야 일수

마지막으로 아래의 과제를 수행한 후 패들렛에 결과를 올리도록 했다.

◆ 과제 ◆

2041~2050년을 기준으로 여러분이 살고 있는 동네의 열대야 일수를

1) 온실가스 저감 정책이 잘 반영되었을 때(RCP 2.6)

2) 온실가스 저감 정책이 반영되지 않았을 때(RCP 8.5)로 나누어 구하시오.

패들렛에 비교 그래프를 올리고 1)과 2)의 열대야 일수를 적을 것.

결과를 말해 보자면 온실가스를 저감하기 위한 노력을 하지 않고 지금처럼 살았을 때 이화동은 2050년에 25.7일을 열대야에 시달리게 된다. 여름 중 한 달을 열대야에 시달리게 된다니 끔찍한 미래다.

그런데 RCP 2.6에서도 미래가 그리 밝지는 않다. 지금부터 열심히 저감 노력을 해서 2050년에 탄소중립을 이루어 낸다 해도 21일을 열대야에 시달리게 된다. 왜 탄소 배출량을 줄여도 열대야 일수가 지금보다 늘어날까? 아무리 탄소 배출량을 줄여도 그때까지 누적된 이산화탄소의 양은 줄어들지 않고 늘어나기 때문이다. 지금까지 인류가 행한 일에 대한 결과적 책임은 그렇게 쉽게 없어지지 않는다.

활동을 마무리하면서 아이들에게 소감을 물었다. 아이들은 다음과 같이 소감을 말했다.

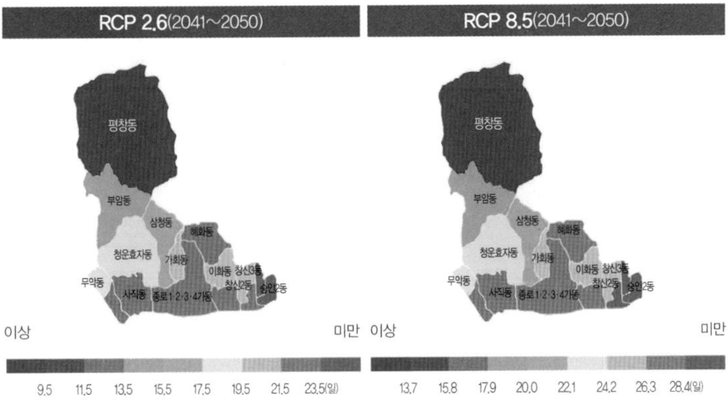

▪ 2050년 온실가스 저감 정책에 따른 우리 동네(서울시 종로구) 열대야 일수

"이렇게 구체적인 수치로 우리 동네의 미래를 예측해 보니 기후위기가 실감 나요."

"지금도 이렇게 힘든데 한 달 내내 열대야에 시달려야 한다니……. 끔찍한 미래를 만들지 않기 위해 노력해야겠어요."

"RCP 2.6은 이루지 못하더라도 RCP 4.5라도 달성해야겠어요."

숫자는 상상을 하지 않는다. 구체적이고 과학적으로 암울한 미래를 그대로 보여 준다. 그리고 그 수치는 남태평양 어딘가, 북극 지방 어딘가가 아니라 바로 내가 사는 동네의 수치다. 나의 미래이자 내가 잠 못 이루고 괴로울 날들이다.

여기서부터 시작해야 한다. 다음 시간부터는 탄소중립을 이루기 위해서는 어떻게 해야 하는지 구체적으로 살펴보도록 하겠다.

수업의 흐름(2시간 블록 수업)

IPCC와 기후 시나리오에 대한 설명

기상청 기후정보포털 살펴보기

기후 시나리오에 따른 계절의 길이 변화, 아열대 기후 지역 전망, 폭염 일수, 열대야 일수 전망 살펴보기

활동 1: 우리 동네 미래 전망

기후 시나리오에 따른 우리 동네의 미래 평균 기온, 폭염 일수, 열대야 일수를 구하고 동네별로 비교하기

활동 2: 2041~2050년을 기준으로 우리 동네의 열대야 일수를 RCP 2.6과 RCP 8.5로 나누어 구하기

동네별로 비교하고 활동 소감 나누기

참조

이 활동은 2021년 ESC '어른이 실험실 탐험'에서 건국대 최영은 교수님이 진행한 '우리 동네 과거, 현재, 미래 기후 알아보기' 프로그램과 자료를 참조했다.

참고

- 기상청 기후정보포털: http://www.climate.go.kr/home/

4차시

기후위기 시대, 무엇을 먹을까? 1

- 기후 식단 짜기

이번 시간부터는 본격적으로 탄소중립을 위한 공부와 탐색에 들어간다. 이전 교육 자료를 보면 기후위기의 원인과 심각성을 살핀 후 바로 아이들에게 기후위기를 극복하기 위해서는 어떻게 해야 하는지를 토의하라고 하는 경우가 많았다. 그럼 아이들은 '일회용품을 쓰지 말자' '텀블러를 가지고 다니자' '에어컨 사용을 자제하자'라는 등의 뻔한 이야기를 했다. 기후위기의 현상과 영향을 이해했다고 해서 우리가 어떻게 이것을 해결해야 하는지 바로 알게 되는 것은 아니다. 기후위기에 대한 이해와 탄소중립의 실천 사이에는 넓고 깊은 강이 있다.

탄소중립이란 탄소의 순 배출량이 0이 된 상태를 말한다. 인간의 활동으로 인한 탄소 배출량을 최대한 줄이고 그래도 줄일 수 없는 것은 온실가스를 흡수하는 기술을 통해 제거하여 실질적인 배출량을 0으로 맞추는 것이다. 영어로 하면 넷 제로net zero인데, 사실 이 단어가 탄소중립의 의미를 더 잘 나타낸다.

기후위기에 대한 이해보다 탄소중립을 위해 알아야 할 지식과 생각할 거리가 훨씬 많다. 교사는 아이들이 기후위기의 강을 건너 탄소중립의 세상으로 갈 수 있도록 다리를 놓아 주고 이끌어 주어야 한다. 나는 이 부분에 대해 오랫동안 공부를 했고 지금도 열심히 하고 있다. 그런데 막상 수업을 개설해 놓고 보니 무엇부터 다루어야 할지 고민이 많았다.

'화석연료의 문제점을 지적하고 에너지 전환부터 살펴볼까?'

'부문별 탄소 배출량을 살피고 어떻게 해결해야 하는지 하나씩 알아볼까?'

이런저런 고민 끝에 이 수업은 중학교 1학년 아이들의 눈높이에 맞춰서 이론이 아니라 활동으로, 당위가 아니라 스스로 찾는 의미로, 그리고 무엇보다 '재미'로 다가가야 해서 그런 접근은 적절치 않다고 느꼈다. 그래서 아이들의 일상 속으로 들어가 먹거리, 입을 거리, 살 곳, 탈것을 먼저 다루기로 했다. 그리고 '기후위기 시대, 무엇을 먹을까'의 첫 시간으로 기후 식단 짜기를 진행했다.

식단을 짜려면 내가 한 끼에 무엇을 얼마나 먹고 있으며 그것들의 탄소의 양은 어느 정도인지를 알아야 한다. '한끼밥상 탄소 계산기' 사이트(https://interactive.hankookilbo.com/v/co2e/)는 내가 먹은 음식에서 배출되는 탄소의 양을 계산할 수 있도록 꾸며져 있다.

출처: 한국일보

▪ 한끼밥상 탄소 계산기

"오늘 점심에 먹은 음식이 탄소를 얼마나 배출했는지 같이 계산해 볼까요? 오늘 점심 메뉴가 뭐였죠? 한번 불러 보세요."

나는 이렇게 말하고 오늘 점심 급식에 나온 메뉴를 선택해서 탄소 배출량을 어떻게 구하는지 시범을 보였다. 사이트에서 제공하는 메뉴는 제법 다양하지만 모든 메뉴가 있는 것은 아니어서 메뉴가 없는 경우 가장 비슷한 것으로 대체해서 계산했다.

밥에서는 김치볶음밥을, 국에서는 계란국을, 반찬에서는 오이생채와 콩나물을, 기타에서는 치킨을, 후식에서는 두유를 클릭했다. 그러고 나서 결과 보기를 누르면 오늘 급식 메뉴의 탄소 배출량은 3.5kgCO_2e다. 이 수치는 승용차 1대가 14.8킬로미터를 이동할 때 나오는 이산화탄소 배출량에 해당한다.

"이번에는 메뉴를 하나 바꿔서 변화를 볼까요? 치킨을 불고기로 바꿔 볼까요?"

치킨을 불고기로 바꾸고 결과를 보니 15.3kgCO_{2e}가 나온다. 같은 고기 반찬을 소고기인 불고기로 바꾸었을 뿐인데 탄소 배출량이 4배 가까이 늘었다! 이 수치는 승용차 1대가 무려 64킬로미터를 이동할 때 나오는 이산화탄소 배출량에 맞먹는다.

여기까지 하고 나서 아이들에게 2인 1조로 조를 이루어서 우리 학교 일주일치 식단을 짜고 탄소 배출량을 계산하게 했다. 아이들은 머리를 맞대고 열심히 식단을 짰다. 나는 아이들 사이를 돌아다니며 살피다 아이들 사이에 오가는 날것의 대화에 웃음이 났다.

"우리, 갈비탕 넣자. 나 그거 좋아해."

"갈비타앙? 야, 너 아까 불고기 넣어서 어떻게 됐는지 못 봤어?"

"콩밥에 된장국 할까?"

"최악의 조합이야. 나 콩밥 싫어해."

"계란국 어때?"

"나 계란 알레르기 있어."

더러는 나에게 질문을 한다.

"샘~ 그냥 나물만 먹게 짜도 돼요?"

"음…… 너 혼자 먹을 게 아니라 우리 학교 아이들의 식단을 짜는 건데 그래도 괜찮을까? 아이들이 가만있겠어? 네가 영양사 선생님이 되었다고 생각하고 최고의 식단을 짜 봐."

식단을 다 짠 후에는 패들렛에 올리고 각 조의 식단을 홍보하는 시간을 가졌다.

"우린 완전 맛있어요. 햄버거 세트도 있구요. 피자도, 치킨도 있어요."

"탄소 배출량이 너무 많은 거 아닙니까?"

"맛있으면 다 됩니다."

"영양사의 인성에 문제가 있는 거 아닙니까?"

이런 지적질과

"우리는 탄소 배출량을 아주 적게 줄였습니다."

"왜 이리 부실하죠? 이거 감방 음식 아냐? 밥 하나, 국 하나, 나물 하나, 사과 하나가 뭐야?"

이런 비아냥이 마구 나온다.

그 와중에도 맛과 탄소 배출량을 모두 고려해서 식단을 짠 조가 가장 많은 하트를 받았다. 그 아이들에게 대나무 칫솔을 상으로 주었다. 아이들은 식단 짜기가 생각보다 어려워서 영양사 선생님의 노고를 알게 되었다고, 고기류가 생각보다 탄소 배출량이 많아서 놀랐다고 소감을 이야기했다.

	식단	이산화탄소 배출량
월	보리밥(0.1kgCO_{2e}), 된장국(0.9), 배추김치(0.3), 오징어볶음(0.6), 사과(0.1)	2.0kgCO_{2e}
화	현미밥(0.2), 콩나물국(0.5), 고등어조림(0.9), 시금치나물(0.5), 식혜(0.4)	2.5kgCO_{2e}
수	콩밥(0.1), 계란국(0.2), 감자전(0.4), 무생채(0), 깻잎장아찌(0.1), 포도(0)	0.8kgCO_{2e}
목	쌀밥(0.5), 북엇국(1.1), 멸치조림(0.1), 깍두기(0.3), 잡채(0.6), 배(0.2)	2.8kgCO_{2e}
금	국수장국(1.8), 삼겹살(2), 쌈채소(0), 배추김치(0.3), 수박(0.1)	4.2kgCO_{2e}
합계		12.3kgCO_{2e}

▪ 활동지 예시: 5일치 식단과 이산화탄소 배출량

다음 활동으로는 축산업에 대한 이해를 돕기 위해 영상을 보고 퀴즈를 푸는 시간을 가졌다.

1. 축산업에서 배출되는 온실가스 양은 전체 배출량의 몇 퍼센트일까요?
2. 육류 중에서도 온실가스를 가장 많이 배출하는 것은 무엇일까요?
3. 반추동물의 경우 트림과 방귀를 통해 배출되는 온실 기체는 무엇일까요?
4. 우리나라 사람들의 연간 소고기 소비량은 얼마일까요?
5. 소고기 1킬로그램을 얻기 위해 소비되는 물의 양은 토마토 1킬로그램을 얻기 위해 소비되는 물의 양의 몇 배일까요?

6. 전 세계 소를 모두 모아 나라를 하나 만든다면 그 나라의 온실가스 배출량은 세계 몇 위일까요?

축산업에서 배출되는 온실가스는 전체 배출량의 18퍼센트를 차지한다. 그런데 이는 교통 분야에서 나오는 총 배출량보다 많다. 육류 중에서 온실가스를 가장 많이 배출하는 것은 양과 소 같은 반추동물이다. 반추동물은 장에서 미생물에 의해 소화가 이루어질 때 메탄(메테인) 가스가 생성된다. 이것을 트림과 방귀를 통해 배출하는데, 메탄은 이산화탄소에 비해서 21배나 온실효과가 크다. 이것이 같은 고기류 중에서 돼지고기나 닭고기보다 소고기가 유난히 탄소 배출량이 많은 이유다.

우리나라 사람들의 연간 소고기 소비량은 33억 킬로그램에 이르고, 소고기 1킬로그램을 얻기 위해 소비되는 물의 양은 토마토 1킬로그램을 얻기 위해 소비되는 물의 양의 무려 127배다! 전 세계 소를 모두 모아 나라를 하나 만든다면 그 나라의 온실가스 배출량은 세계 3위가 된다.

마지막으로 탄소 인증 표지에 대해서 이야기를 나누었다. 우리가 제품을 만들고 소비하는 과정을 살펴보면 대략 다음과 같다. 먼저 원료를 생산하고 그 원료로 제품을 만든다. 완성된 제품을 운반하고 사용한 후 버린다. 그 전 과정에서 발생하는 온실가스를 계산한 것을

▪ 탄소 인증 마크

탄소 발자국이라고 한다. 기업이 생산한 제품에 대해 탄소 발자국을 구하여 표기하고, 다른 제품과 비교하여 탄소 배출량을 줄였다는 것을 증명하면 환경부에서 저탄소 제품 인증을 받을 수 있다. 인증을 받은 제품은 라벨 형태로 제품에 표시된다. 탄소 인증 마크를 알려주고 수업을 마쳤다.

"얘들아, 이번 주말에 마트에 가면 탄소 인증을 받은 제품을 찾아볼래? 두부와 사이다, 우유 등에서 탄소 인증 마크를 발견할 수 있을 거야. 생각보다 다양한 제품에서 찾을 수 있어. 참고로 샘은 탄소 인증을 받은 소주만 마신단다."

⊖ 수업의 흐름(2시간 블록 수업) ⊕

활동 1: 기후 식단 짜기

'한끼밥상 탄소 계산기' 사이트 소개 및 설명

조별로 일주일치 식단을 짜서 발표하고 가장 잘한 조 뽑기

활동 소감 나누기

활동 2: 축산업 알아보기

축산업의 문제 영상 시청하기

축산업에 대한 퀴즈 풀기

탄소 인증제 소개하기

참고

- 한끼밥상 탄소 계산기: https://interactive.hankookilbo.com/v/co2e/
- 〈지구온난화 주범이 육식이라고?〉
  https://www.youtube.com/watch?v=mLfNjt69RVo

5차시

기후위기 시대, 무엇을 먹을까? 2

- 동물권과 채식

먹거리 문제에 대해 다루는 두 번째 시간이다. 이번 시간에는 동물권과 채식, 그리고 먹거리 관련 이슈들을 알아보기로 한다. 먹거리의 탄소중립과 관련해서는 '채식'이 중요한 화두인데, 채식에 대한 종합적인 접근을 위해서는 기후위기 외에 동물권에 대한 문제도 함께 다루어야겠다고 생각했기 때문이다.

먼저 황윤 감독의 영화 〈잡식가족의 딜레마〉를 보고 동물권에 대해 이야기하기로 했다. 여기서 고민한 것은 영화를 다 보여 줄지, 아니면 영화를 편집하여 소개한 유튜브 영상을 보여 줄지 정하는 것이었다. 한참을 고민하였으나 100분이 넘는 영화를 다 보기에는 시간이 걸리고 중학교 1학년에겐 너무 긴 호흡이라 지루할 수도 있을 것 같아서 '경계없는학교' 유튜브 채널에서 이 영화를 소개한 영상을 보여 주기로 했다.

〈잡식가족의 딜레마〉는 공장식 축산의 문제점을 적나라하게 보여주는 영화다. 구제역으로 많은 돼지가 살처분되던 시절, 황윤 감독은 문득 돼지가 어떻게 사육되는지 본 적이 없다는 사실을 깨닫는다. 그래서 돼지가 사육되는 과정을 취재하기 위해 많은 돼지 농장에 문의를 하지만 취재 요청을 받아 주는 곳이 없다. 그러다 어렵게 한 곳에서 허락을 받는다.

그러나 직접 가 본 돼지 농장은 열악하기 짝이 없다. 빛도 제대로 들어오지 않은 우리에서 돼지들은 몸을 옴짝달싹 못한 채 정해진 시간에 공급되는 사료를 먹는다. 돼지는 공장식 축산을 통해 하나의 상품으로 취급되며 고기로 만들어지고 있었던 것이다.

효율과 이윤만 생각하는 그곳에서 돼지를 살아 있는 동물로 보는 시각은 존재하지 않는다. 예를 들면 공장에서 돼지는 월, 화, 수에 임신을 하고 수, 목, 금에 분만을 한다. 약물로 조절하기에 가능한 결과다. 돼지는 인공수정을 통해 임신을 하고 분만을 할 때가 되면 분만용 스툴로 옮겨진다. 새끼를 낳으면 어미와 새끼는 스툴의 창살로 분리된 채 수도꼭지에서 물을 받아먹듯 수유를 한다. 그나마 25일만 수유를 하고 다시 분만용 스툴로 옮겨져 임신과 출산을 반복하는데 1년에 2.5회의 분만을 한다고 한다.

태어난 새끼의 상품성을 위해 꼬리를 자르고 거세를 하는데 이때 마취를 하지 않는다. 나중에 도축하는 과정에서 돼지를 기절시키고 거꾸로 매단 후 피를 뽑는데, 이 과정에서 기절하지 않고 의식이 남아 있는 돼지가 12.3퍼센트나 된다는 경악할 만한 연구 결과도 소개한다.

그러나 영화에서는 공장식 축산의 끔찍함만을 다루지는 않는다. 친환경 돼지 농장에서 동물복지를 누리며 사는 돼지 가족도 보여 준다. 출산을 위해 어미 돼지가 직접 볏짚을 모아 분만실을 꾸미는데, 볏짚은 깨끗한 것을 좋아하는 돼지에게 아늑하고 위생적인 환경을 만들어 준다. 그래서 볏짚이 있느냐가 동물복지농장의 인증 기준 중 하나라고 한다.

그 밖에 공장식 축산에서 돼지가 병에 걸리지 않도록 먹이는 장 치료제, 호흡기 치료제, 항생제 등의 수많은 약물도 보여 준다. 영화는 스트레스와 약물에 찌든 돼지를 속성으로 키워 식품으로 내놓고 있는데, 그것을 소비하는 우리의 식탁은 과연 안전한지에 대한 의문을 제기한다.

영상을 본 후 아이들과 몇 가지 주요 이슈에 대해서 이야기를 나누었다. 먼저 아이들에게 채식주의자들이 왜 채식을 한다고 생각하는지 물었다.

"건강 때문에요. 고기를 못 먹는 사람도 있어요."

"종교 때문에요."

"기후위기 때문이요."

"다이어트하려고요!"

이런 답이 나왔다. 동물이 불쌍해서라거나 동물권이라는 용어는 좀처럼 나오지 않았다. 우리나라에는 1000만 마리 이상의 돼지가 사육되고 있지만 돼지를 실제로 본 사람은 거의 없다는 것과 농장주가 모두 취재를 거부해서 아주 어렵게 돼지 농장을 취재했다는 감독의 이야기를 상기시켰다.

"너희는 돼지고기 말고 살아 있는 돼지를 본 적 있어?"

내 질문에 한 아이가 대답했다.

"쇼핑몰에서 돼지를 봤어요."

"쇼핑몰에서?"

"네. 어떤 아저씨가 데리고 왔어요."

무슨 말인지 이해가 안 돼서 눈을 껌뻑이고 있는데 다른 아이가 반박한다.

"그게 말이 돼? 너 혹시 나 본 거 아냐?"

"아니라고…… 너 말고 진짜 돼지 봤다고!"

어떤 아저씨가 애완용 돼지인지를 데리고 왔다는데, 무슨 소리인지 잘 모르겠다. 아무튼 나머지 아이들은 모두 본 적이 없다고 했다. 아이들에게 영상에서 본 대로 공장식 축산이 이루어지고 있는 현실과 그것의 문제점을 상기시키고 동물을 키우고 잡아먹는 과정에서 동물을 상품으로만 취급하기 때문에 고려되지 않는 동물의 고통과 살아 있는 생명체로서의 권리에 대해서 이야기를 잠깐 나누었다.

영화에서 황윤 감독과 아들 도영이는 취재를 하면서 채식주의자가 되었고 남편은 끝까지 채식을 거부했다. 남편은 야생 조류를 구하는 수의사였지만 '인간은 잡식 동물이고 본인은 먹고 싶은 것을 먹을 권리가 있다'고 주장했다. 그래서 영화 제목이 '잡식가족의 딜레마'가 되었다.

나는 다음과 같은 이야기로 수업을 마무리했다.

"무엇을 먹을지는 개인의 선택이 맞아. 그런데 우리가 축산업이 기후위기에 미치는 영향이나 공장식 축산이나 동물권에 관해 배우고, 진실을 알면서 선택하는 것과 무지한 채로 지내는 것은 같지 않지. 채식의 문제는 기후위기와 환경에 미치는 영향, 동물복지의 문제에 지나친 육식이 나의 건강에 미치는 영향을 모두 종합해서 생각해야 하는 복잡한 문제야. 그리고 현실주의자라면 문제를 해결하고자 할 때 좀 더 효율적인 방법을 택하지 않을까? 예를 들면 샘은 고기를 엄청 좋아해서 온전히 채식만 하기는 힘들 것 같더라. 그래서 고기를 끊는 대신에 콕 집어서 소고기만 '집중적으로' 먹지 않기로 했어. 소고기는 돼지고기나 닭고기에 비해 탄소 배출량이 어마어마하니까."

마지막으로 아이들에게 읽어 두면 좋을 책을 소개해 주었다. 『나의 비거니즘 만화』와 『긴긴밤』이다.

『나의 비거니즘 만화』는 동물권과 채식에 관해 알기 쉽게 그린 만화이고, 『긴긴밤』은 코뿔소와 펭귄이 나오는 슬픈 동화다. 나는 왠지 두 권의 책이 어울린다고 생각했다. 『나의 비거니즘 만화』가 인간의 관점에서 동물을 바라본다면 『긴긴밤』은 코뿔소의 관점에서 인간을 바라보는 이야기라서일까? 아이들이 두 책을 함께 읽어 보았으면 좋겠다.

먹거리에서 탄소 배출과 관련된 문제를 다루었으니 이제 어떻게 탄소중립을 이룰 것인지에 관해 본격적으로 다룰 차례다. 이 또한 교사가 일방적으로 가르치기보다는 아이들이 스스로 주제를 탐색하면서 자연스럽게 배움과 생각이 자라는 방식으로 수업을 꾸미고 싶었다. 그래서 먼저 생각을 키울 만한 8개의 주제 씨앗을 제시해 주고, 탐구하고 싶은 주제를 2인 1조로 고르도록 했다. 8개의 주제는 다음과 같다.

1. 못난이 농산물은 무엇인가? 어떻게 이용하나?
2. 대체육은 육식의 대안이 될 수 있을까?
3. 로컬푸드의 좋은 점은 무엇인가?
4. 공유 냉장고는 무엇인가?
5. 기후위기에 도움이 되는 먹거리 관련 앱은 무엇이 있을까?
6. 채식주의란?
7. 동물권이란?

8. 잔반 줄이기

아이들은 5와 8을 제외하고 주제를 하나씩 골랐다. 그리고 주제에 대해 탐색하는 시간을 가졌다. 다음 시간에는 발표 자료를 만들고 발표를 할 것이라 이야기하고 수업을 마쳤다.

수업의 흐름(2시간 블록 수업)

〈잡식가족의 딜레마〉 영상 시청
동물권과 채식에 대한 이야기 나누기
책 소개
먹거리와 탄소중립 관련 8개의 주제 제시
활동: 주제 고르고 탐색하기

참고

- 〈잡식가족의 딜레마〉 1부
  https://www.youtube.com/watch?v=qsWjxLGQkw8
- 〈잡식가족의 딜레마〉 2부
  https://www.youtube.com/watch?v=KKbcNIyx4Jg
- 『나의 비거니즘 만화』, 보선, 푸른숲
- 『긴긴밤』, 루리, 문학동네

6차시

기후위기 시대, 무엇을 먹을까? 3

- 먹거리 관련 주제 발표 수업

이번 시간에는 먼저 지난 시간에 탐색한 먹거리 관련 주제에 대해 발표 자료를 만드는 시간을 가졌다. '미리캔버스' 사이트를 알려 주고 적절한 템플릿을 골라 자료를 만들어 보라고 했다. 발표 자료가 완성되면 패들렛에 올리라고 했는데, 아이들이 시간이 부족하다고 했다.

"샘, 이런 걸 조사하려면 시간을 많이 주셔야 하는 거 아닌가요?"

"지난 시간에 이어 오늘까지 2시간이면 될 것 같은데……."

"흑흑…… 시간이 너무 부족해요."

"그렇게 울 시간에 빨리 정리하면 될 것 같은데……."

나는 아이들의 항의를 일축하고 부족하면 부족한 대로 올리라고 했다. 심도 깊은 조사를 하기엔 할 일은 많고 갈 길이 머니까 일단 맛만 보기로 했다. 아이들은 툴툴거리며 제시간에 자료를 올렸다. 그리고 2차시엔 발표를 했다. 다음은 아이들의 발표 내용이다.

"못난이 농산물은 영양이나 품질은 문제가 없는데 크기가 작고 모양이 못생겨서 못난이 농산물이라고 부릅니다. 요즘 못난이 재료를 이용하여 피클이나 스무디, 퓌레, 소프트아이스크림 등을 만드는 사례가 부쩍 늘었습니다. 집까지 배달해 주는 서비스를 통해 편리하게 못난이 농산물을 이용해 요리를 하는 레스토랑들도 많아지고 있습니다. 못난이 농산물을 잘 이용해서 기후위기를 극복합시다!"

"대체육의 장점은 환경이나 동물의 권리를 보호할 수 있다는 것, 종교적 문제로 육식을 못하는 경우를 해결할 수 있다는 것, 건강을 지키고 식량 문제를 개선할 수 있다는 것입니다. 반면에 가격이 결코 싸지 않다는 것과 과연 식감이나 맛에서 육류를 대체할 수 있을까 하는 의문이 듭니다. 그러나 환경도 지키고 고기도 먹고 싶은 사람들을 위한 대안으로서 육식의 단점을 보완할 수 있을 것입니다. 실제 고기보다 맛과 품질이 떨어진다는 비판은 꾸준한 기술 개발로 극복해야 할 것입니다."

"로컬푸드는 장거리 운송 과정을 거치지 않고 그 지역에서 생산된 농산물을 말합니다. 로컬푸드는 또한 저장을 거치지 않은 신선하고 영양이 풍부한 제철 먹을거리를 의미하기도 하는데 이는 유전적으로 조작된 식품을 거부한다는 뜻이기도 합니다. 로컬푸드는 제철 과일이나 채소를 먹을 수 있고 신선하고 운송 과정이 짧아 탄소 배출이 적다는 장점이 있습니다. 단점은 품목이 다양하지 않고 품질에 미달한 제품이 출하되기도 합니다. 우리 동네에도 로컬푸드 매장이 있습니다."

아이들은 나름대로 핵심을 잘 찾아 정리하고 자신의 언어로 발표를 했다. 그리고 질문하고 답하는 과정을 통해 주제에 대한 생각을 더욱 확장시켰다.

"채식주의는 인간이 동물성 음식을 먹는 것을 피하고 식물성 음식만을 먹는 것을 의미합니다. 일반적으로 채식을 하는 분들은 건강 상태가 좋은 편이고 허혈성 심질환, 당뇨, 결장암, 전립선암 등 여러 질병의 발병률이 낮습니다. 또한 혈관 지방 감소, 생리통 감소 등 건강에 다양한 영향을 줍니다. 채식주의는 건강에 좋을 뿐 아니라 동물을 보호하고 환경을 살리는 길입니다. 연구에 따르면 전 세계 사람들이 채식을 할 경우 음식 분야만 놓고 보면 개인의 에너지 소비는 16퍼센트가 줄어들고 탄소 배출량을 20퍼센트가량 줄일 수 있다고 합니다."

"공유 냉장고는 마을 주민들끼리 냉장고를 공유하는 것으로, 누구나 음식을 넣을 수 있고 눈치 보지 않고 아무나 냉장고 속 음식을 가져갈 수 있습니다. 공유 냉장고는 자칫 버려질 수 있는 음식을 이웃과 나눌 수 있도록 하기 위해 만든 것입니다. 음식이 꼭 필요한 누군가에게 도움을 주고 환경도 보호할 수 있습니다. 공유 냉장고는 시민들의 자발적 참여로 이뤄진다고 합니다. 독일에서 처음 시작되었으며, 우리나라에는 수원, 서울을 비롯해 전국에 27개소가 설치되어 있습니다. 우리 가정에서 유통과 생산 과정에서 버려지는 먹거리가 절반이나 된다는 사실을 아십니까? 이처럼 공유 냉장고는 음식물 폐기량을 줄이기 위해서 만들어진 냉장고입니다. 음식물 폐기량이 줄어들면 폐기 과정에서 생기는 탄소의 양을 줄일 수 있기 때문에 탄소중립에 많은 도움이 됩니다."

마지막 발표를 마치자 누군가 질문을 했다.

"질문이 있습니다. 누군가 공유 냉장고에 설사약을 넣으면 어떻게 하나요?"

"어…… 글쎄요. 일부러 설사약을 넣으면 어쩔 수 없을 것 같아요."

"또 질문 있어요. 이게 작은 시골 마을이라면 잘 운영될 것 같은데, 서울 같은 대도시에서는 운영하기가 힘들 것 같거든요. 어떻게 생각하세요?"

"도시에서는 그 뭐지…… 정부에서 관리를 해야 할 것 같아요."

이쯤에서 내가 끼어들었다.

"누군가 관리는 해야겠죠. 발표한 조는 정부나 지자체에서 관리하면 된다고 했는데, 동이나 마을별로 자치적으로 운영을 할 수 있지 않을까요? 그럼 학교는 어떨 것 같아요? 우리 학교에서도 이런 걸 해 보면 어떨까요?"

"좋아요. 맛있는 것 실컷 먹을 수 있겠어요."

"근데 우리 학교는 학교에서 음식을 못 먹게 하잖아요. 매점도 없고……."

"실제로 공유 냉장고를 운영하면 아까 질문이 나온 것처럼 설사약을 일부러 넣거나 하는 경우는 일어나기 힘들지만 어떤 사람이 욕심을 부려서 먹을 것을 싹 가져간다거나 하는 일이 일어날 수 있어요. 그래서 약속과 관리가 필요하겠죠."

마지막으로 아이들이 선택하지 않은 주제에서 기후위기에 도움이 되는 먹거리 관련 앱으로 '라스트 오더' '떠리몰' 등을 알려 주고 학교 급식에서의 잔반 줄이기 사례를 소개했다.

오늘 다룬 주제들은 아이들에게 대부분 생소했을 것이다. 그럼에도 아이들은 열심히 자료를 찾고 최선을 다해서 발표를 했다. 이중 어떤 씨앗이 아이들의 가슴에 남아 양분을 받으며 자라게 될까? 궁금하다.

1. 못난이 농산물이란?

못난이 농산물의 뜻

'못난이 농산물'이란 영양이나 품질은 문제가 없는데 크기나 모양이 못난이 처럼 못생겨서 못난이 농산물이다.

대체육 vs 일반 고기 *대체육은 콩고기를 기준으로 하였습니다.*

함량{100g 기준}

▪ 발표 자료

LOCAL FOOD
로컬푸드의
장/단점
장점
제철과일/나물/채소를 먹을 수 있다.
로컬푸드 매장에 있는 식료품이 모두 신선하다.
운송과정이 짧아 탄소배출이 적다.
단점
품목의 다양성이 적다.
미달한 제품이 출하하기도 한다.

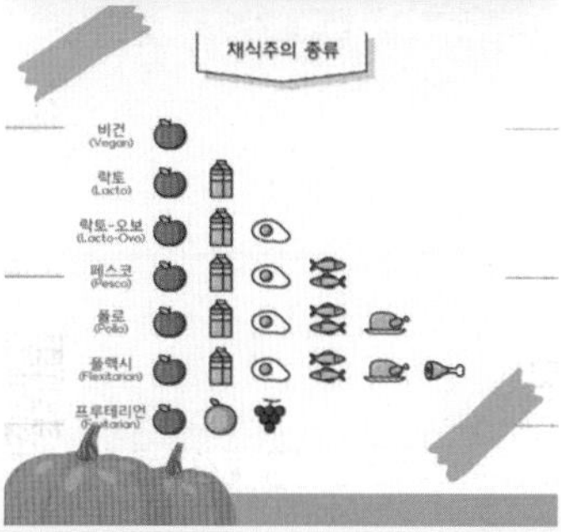
채식주의 종류
비건 (Vegan)
락토 (Lacto)
락토-오보 (Lacto-Ovo)
페스코 (Pesco)
폴로 (Pollo)
플렉시 (Flexitarian)
프루테리언 (Fruitarian)

공유냉장고란?
모두가 함께 사용하는 냉장고
공유냉장고는 마을주민끼리 냉장고를 공유하는 것으로, 누구나 음식을 넣을 수 있고 눈치보지 않고 아무나 냉장고 속 음식을 가져갈 수 있습니다.
공유냉장고

- 발표 자료

수업의 흐름(2시간 블록 수업)

먹거리와 탄소중립 관련 8개의 주제를 간단히 소개하고 조별로 주제 선택하게 하기

활동 1: 선정한 주제에 대해 조사하고 카드 뉴스 만들기

활동 2: 조사한 내용을 발표하고 질의응답하기

활동 소감 나누기

참고

- 『오늘부터 시작하는 탄소중립』, 권승문·김세영, 휴머니스트
- 『탄소로운 식탁』, 윤지로, 세종서적

7차시

기후위기 시대, 무엇을 먹을까? 4

- 채식 요리 만들기

지금까지 먹거리와 관련된 주제를 살펴보았다. 다음 활동으로 넘어가기 전에 학교 급식에 대해 이야기해 보려고 한다.

고등학교에서 여중으로 오면서 느낀 것이 급식이 아주 맛있다는 것이다. 왜 유난히 급식이 맛있을까 생각해 보니 내가 여중 입맛이라 그런 듯하다. 여중생이 좋아하는 메뉴에 마지막엔 꼭 달달한 디저트가 있다! 거기다 우리 학교 영양사 선생님은 염도에도 엄청 신경을 써서 음식마다 염도를 표시하신다. 그런데 무엇보다 놀랐던 것은 '그린 급식'의 날이다. 우리 학교는 2주에 한 번씩 그린 급식의 날이 있는데, 다양한 채식 식단이 나온다. 어느 날은 곤드레밥이나 마파두부덮밥, 생선튀김이 나오는가 하면 또 어느 날은 시금치 핫케이크, 멜론라테 같은 새로운 메뉴도 나온다. 콩고기로 만든 채식 햄버거가 메뉴로 나온 날 아이들에게 물어봤다.

"우리 학교, 채식 급식 맛있지 않니? 콩고기는 어땠어?"

"맛없어요! 수요일이 맛있어요."

수요일은 '수다날', 즉 '수요일은 다 먹는 날'이라는 뜻인데, 아이들이 특별히 좋아하는 음식으로 구성해서 다 먹게 하는 날이다. 그래서 아이들이 가장 좋아하는 요일이다.

나는 우리 학교 채식 식단이 너무 맛있어서 감동이었고, 특히 채식 햄버거는 메뉴도 참신하고 맛도 좋았는데 아이들은 그렇게 생각하지 않는 것 같다. 까다로운 고객님들의 입맛에 맞추기 위해선 더 다양한 채식 메뉴가 개발되어야 하나 보다.

▪ 그린 급식의 날에 나온 콩고기 햄버거

고등학교에서 자유 주제로 기후위기 프로젝트를 했을 때 아이들은 의외로 '채식 요리 만들기'를 많이 선택했다. 특별한 요리를 함께 만들고 그것을 영상으로 작업하는 과정이 재미있다고 생각하는 아이들이 많았다. 채식의 중요성을 안다고 해서 모든 아이들이 채식을 해야 한다고 생각하는 것은 아니다. 아이들은 고기를 좋아한다. 게다가 학교에서 장려하는 활동은 자칫 의무로 느껴지고 재미없는 활동으로 비칠 수 있다. 결국 채식을 확산시킬 수 있는 가장 좋은 방법은 아이들 스스로 채식을 '힙한 문화'로 인식하게 하는 것이다.

아이들이 음식을 같이 만들고 나누는 것을 좋아하니까 채식 요리 만들기를 기획했다. 그러나 장소와 재료 등 여러 가지 제약이 많았다. 화학실에서 할 수 있는 활동이면서 되도록 불을 쓰지 않는 것이 좋겠다는 판단이 들었다. 코로나 상황에서 음식을 함께 먹는 것도 힘드니 만들어서 가져가기 쉬운 메뉴여야 했다. 그래서 선택한 것이 샌드위치였다. 그 정도면 아이들과 해 볼 만하다고 생각했다. 그런데 때마침 학교에서 원하는 프로그램을 기획해서 신청하면 경비와 강사 섭외까지 지원해 주는 교육청 프로그램이 눈에 띄어 신청해 보기로 했다.

내가 적어 낸 1순위 프로그램은 채식 요리사를 초청해서 아이들과 채식에 관한 이야기를 나누고 함께 채식 요리를 만들어 보는 것이고, 2순위는 관련 영화를 만들거나 책을 쓴 분들을 모시고 북토크를 하는 것이었다. 교육청에 문의하니 장학사가 지원할 의사를 보이며 생각해 둔 강사가 있느냐고 물었다. 마땅한 강사가 없어 페이스북에 학교에 와서 채식 수업을 해 줄 강사를 추천해 달라는 글을 올렸다.

페이스북 친구들이 훌륭한 강사를 여러 명 추천해 주었다. 고민 끝에 그중에 중학교에서 아이들과 수업을 해 본 경험이 있는 식생활 교육 강사를 섭외했다.

드디어 채식 요리 수업날이 되었다.

"여러분, 김밥 좋아하죠? 어떤 김밥 좋아해요?"

"기본 김밥이 좋아요!"

"참치김밥!"

"돈까스김밥!"

"당근 뺀 김밥!"

강사님의 물음에 아이들이 신나서 외쳤다.

"오늘 요리의 특징은 '3불'이에요. 불을 쓰지 않고, 고기를 쓰지 않고, 가공식품을 쓰지 않는답니다. 오늘 우리는 상추쌈김밥을 만들어 볼 거예요."

그러고는 상추쌈김밥 만드는 방법을 상세히 설명해 주었다.

1. 으깬 두부와 다진 견과를 된장, 고추장, 매실액, 깨소금, 참기름과 버무려 두부견과쌈장을 만든다.

▪ 상추쌈김밥 만들기

2. 김에 밥을 얇게 편 뒤 상추 두 장을 덧대어 펴고 그 위에 두부견과쌈장을 올린다.
3. 김을 꾹꾹 말아서 김밥을 만들고 예쁘게 썰어 주면 완성!

강사님의 설명이 끝나자 아이들은 김밥을 만들기 시작했다. 김밥 만드는 과정은 그리 복잡하지 않았으나 두부를 으깨고 견과를 잘게 다지는 데 시간이 제법 걸렸다.

"샘, 제가 만든 것 예쁘죠? 이거 샘 드릴게요."

한 아이가 자신이 만든 김밥을 내게 내밀었다.

❶ 재료 으깨서 쌈장 만들기 ❷ 김에 밥을 얇게 펴기 ❸ 상추에 쌈장 올려서 말기 ❹ 김밥 예쁘게 썰기

▪ 상추쌈김밥 만드는 과정

김밥을 썰어서 하트 모양으로 정렬해 놓고 뿌듯하게 미소 짓는 아이, 만드는 족족 먹느라 정신없는 아이, 재료가 부족하다고 더 달라는 아이, 테이블에 무얼 잔뜩 흘린 아이 등등 정신이 없었다. 그런 상황에도 강사님은 부족한 부분을 챙기며 능숙하게 이끌어 주셨다. 아이들은 자신이 만든 김밥을 맛있게 먹고, 남은 것은 미리 준비해 온 용기에 담아서 집에 가져갔다.

나중에 맛을 보니 견과류가 들어가서 고소하고 두부의 부드러운 식감과 상추의 아삭함이 잘 어우러졌다. 매실의 단맛이 된장, 고추장과 단짠을 이루고…….

강사님은 요즘은 때때로 채식뿐 아니라 간헐적 채식도 많이 한다며, 채식주의자가 아니더라도 채식을 지향하는 삶을 택할 수 있다고 하셨다.

조너선 사프란 포어의 『우리가 날씨다』에 이런 말이 나온다.

> 개인이 기후변화를 막기 위해 할 수 있는 가장 효과적인 활동 네 가지는 다음과 같다. '채식 위주로 먹기' '비행기 여행 피하기' '차 없이 살기' '아이 적게 낳기'. 위의 네 가지 행동 중에서 가장 강력한 온실가스인 메탄과 이산화질소에 즉각 영향을 미치는 것은 채식 위주의 식사뿐이다.

지금까지 아이들은 직접 식단을 짜면서 탄소 배출량의 차이를 느껴 보았고 채식의 의미도 배웠다. 이제 그것을 어떻게 내 것으로 만들지는 아이들의 몫이다. 오늘 수업은 함께 채식 요리를 만들어 본 것을 즐거운 경험으로 기억하는 것으로 충분하다.

수업이 끝나고 나니 보람과 함께 귀찮은 뒤처리가 남았다. 예산을 지원해 준 교육청에 보고서를 제출하고 식기류를 가사실과 식당에 반납하는 것으로 고생, 끝.

수업의 흐름(2시간 블록 수업)

기후위기와 먹거리 관련 강의

활동: 상추쌈김밥 만들기
뒷정리

참조

식생활교육서울네트워크 식생활 교육 강사 김혜경 선생님의 수업이다. 준비 과정에서 가정 선생님과 영양사 선생님, 연구부 선생님의 도움을 받았고 중부교육청의 지원을 받았다.

8차시

기후위기 시대, 무엇을 입을까? 1

- 의류 산업의 문제점과 대안 찾기

이번 시간에는 기후위기 시대의 입을 거리에 대해 다루고자 한다.

먼저 〈옷을 위한 지구는 없다〉 다큐멘터리를 시청하고 활동지를 작성하는 것으로 활동을 시작했다. 그런데 아이들이 가정 시간에 이 다큐를 봤다고 한다. 게다가 수업 시간에 안 입는 의류를 가져와 리폼을 하고, 지금은 에코백을 만들고 있다는 게 아닌가! 수업의 고수가 바로 옆에 있는데도 전혀 몰랐다. 똑같은 영상을 골랐다는 게 신기하기도 하고 김이 새기도 했으나 아이들이 또 보자고 해서 다시 보았다. 이번엔 활동지를 작성해야 하니까 더 주의 깊게 보겠지.

영상은 지구에서 매년 생산되고 버려지는 옷의 수치로 시작한다. 지구에서 매년 생산되는 옷은 1000억 개, 그중 같은 해 버려지는 옷은 330억 개다. 또한 우리나라는 세계 5위의 헌 옷 수출 국가다. 많은 사람들이 수거함에 넣은 의류가 자선단체에 기부되거나 재활용될 것이라고 생각하지만 대부분은 외국으로 수출되어 시장에서 팔리는데 거기에서도 팔리지 않은 40퍼센트의 옷은 강가에 버려진다.

버려진 옷이 쌓여 산이 만들어지는데, 그 산에서 소가 합성섬유로 된 옷을 뜯어 먹는다. 그러다가 산이 포화 상태가 되어 더 이상 옷을 쌓을 곳이 없으면 태워 없앤다. 결국 우리가 의류 수거함에 옷을 넣는 행위는 안 입는 옷을 가난한 나라에 버리고 그 나라의 환경을 오염시키는 일이다.

영상에서는 또 유행에 민감한 MZ 세대가 옷을 사는 이유를 보여 준다. 새 옷을 사면 SNS에 사진을 올린다. 그러고 나면? 모양 빠지게 같은 옷을 입은 사진을 또 올릴 순 없으니까 다시 새 옷을 산다. SNS의 알고리즘이 저절로 내 취향의 옷을 계속 광고로 보여 준다. 그럼 다시 옷을 사는 상황이 반복된다. 유행은 빠르게 바뀌는데 예전에 비해 싸고 예쁜 옷이 많으니 별 고민 없이 옷을 구입하고 옷장은 다시 안 입는 옷으로 꽉 차게 되는 것이다.

또한 옷은 미세플라스틱의 공장이기도 하다. 세탁을 하면 옷에서 나오는 미세플라스틱은 옷 1킬로그램당 50만 개나 된다. 세탁 폐수에서 나온 미세플라스틱은 회수되지 못하고 강으로, 바다로 흘러 들어간다. 그 양이 어마무시하다. 옷에서 미세플라스틱이 나오는 이유는 옷을 이루는 주요 성분이 플라스틱의 일종인 폴리에스터이기 때문이다. 현재 세계 섬유 생산량의 52퍼센트가 폴리에스터다.

이 정도로 의류 산업의 문제점을 짚어 본 후 구체적인 조사 활동으로 들어갔다.

"두 번째 활동은 자라와 파타고니아 비교하기예요. 두 브랜드의 공통점, 차이점, 특징 등을 5개 이상 조사해서 정리해 보세요."

이 활동은 패스트 패션과 슬로 패션의 차이를 알아보기 위한 것이다. 자라는 패스트 패션을, 파타고니아는 슬로 패션을 대표하는 브랜드다.

아이들에게 활동지에 답을 적게 하고 물어보았다.

"두 브랜드의 공통점은 무엇일까요?"

"둘 다 돈을 많이 벌고 성공한 브랜드예요."

"사람들이 좋아하는 브랜드요!"

"맞아요. 둘 다 최근 급성장했고 사람들이 선호하는 브랜드라는 공통점이 있어요."

"자라의 특징은 무엇일까요?"

"패스트 패션이요. 다품종 소량 생산으로 매우 빠르게 옷을 생산해요."

"상대적으로 낮은 품질에 빠른 회전율이요."

"방글라데시 등에서 저렴한 원단으로 옷을 생산해서 옷이 저렴해요."

"팔고 남은 재고는 매립하거나 소각해요."

"파타고니아의 특징은 무엇일까요?"

"슬로 패션이요. 튼튼하고 오래 입는 옷을 만들어서 버려지는 옷을 최소화해요."

"파타고니아 옷은 수선하거나 리폼하여 지속적으로 이용할 수 있어요."

"리사이클링 소재를 많이 활용해요."

"연 매출의 1퍼센트를 자연세 명목으로 지구를 위해 사용해요."

"얼마 전에 회장이 전 재산을 비영리 법인에 기부하기도 했어요."

"환경적 가치를 추구하고 환경단체의 시위를 적극 후원해요."

파타고니아의 이본 쉬나드Yvon Chouinard 회장이 얼마 전 '지구가 우리의 유일한 주주입니다'라는 메시지와 함께 자신과 가족이 보유한 4조 원 규모의 회사 지분을 비영리 재단에 모두 넘긴 이야기와 몇 가지 일화를 보충 설명하고 조사 활동을 마무리했다.

세 번째 활동은 '지구를 위한 옷장, 실천 목표 정하기'다.

『오늘부터 시작하는 탄소중립』에 나온 9개의 예시를 제시하고 예시를 포함하여 나만의 실천 목표를 정하도록 했다.

아이들은 자신이 실천할 목표를 고민해서 활동지에 적었다.

- **다연이의 실천 목표**

1. 필요 없는 옷은 리폼하거나 기부한다.
2. 오랫동안 입을 수 있는 옷을 산다.

3. 세탁을 너무 자주 하지 않는다.

4. 동물의 가죽이나 털로 만든 제품은 되도록 사지 않는다.

5. 패스트 패션보다는 친환경적인 슬로 패션 제품을 이용한다.

• 채연이의 실천 목표

1. 옷을 살 때 최대한 신중하게, 고민해서 산다.

2. 옷을 버릴 때도 '진짜 버려도 후회 없나?' '나한테 필요 없나?' 고민한다.

3. 세탁을 너무 자주 하지 않는다.

4. 필요 없는 옷은 중고 거래로 팔거나 기부한다.

5. 안 입는 옷은 리폼해서 활용한다.

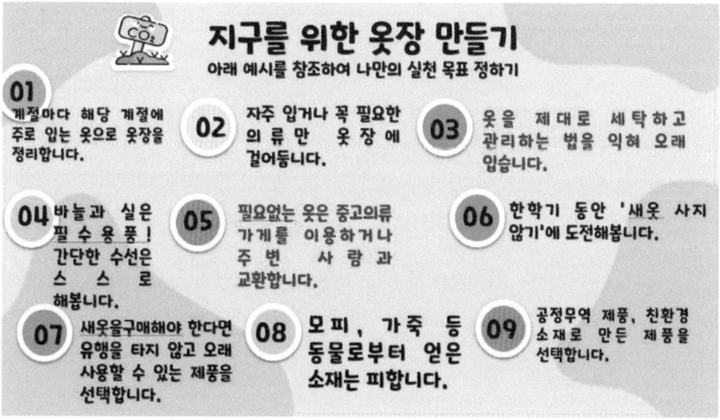

▪ 나만의 실천 목표 정하기 예시

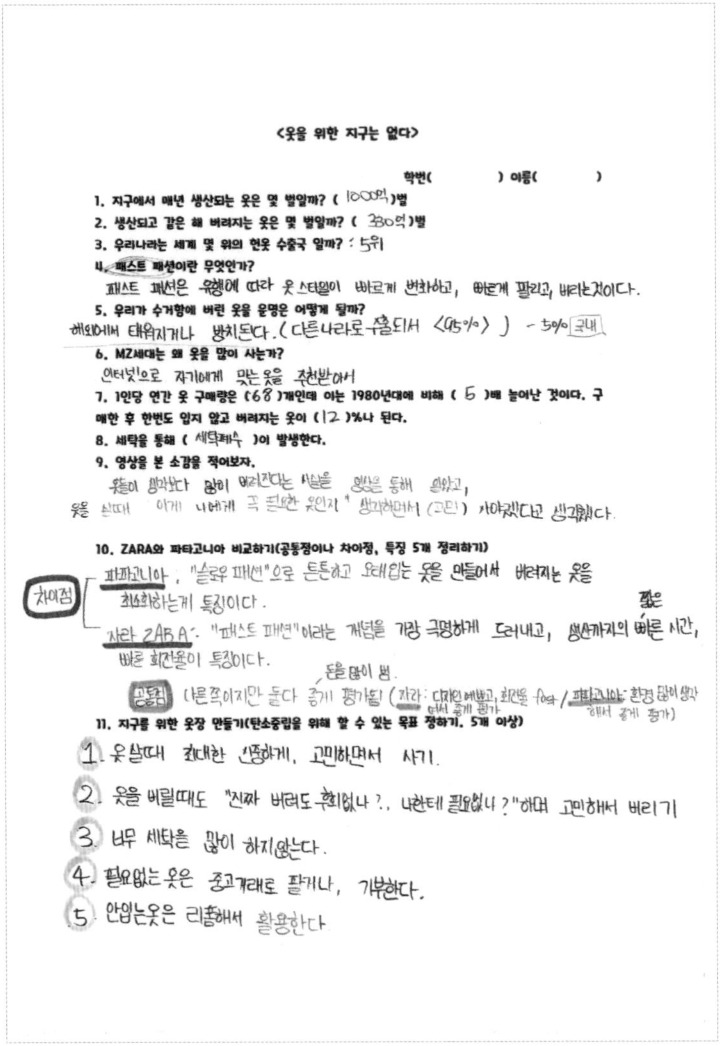

<옷을 위한 지구는 없다>

학번(　　　　) 이름(　　　　)

1. 지구에서 매년 생산되는 옷은 몇 벌일까? (1000억)벌
2. 생산되고 같은 해 버려지는 옷은 몇 벌일까? (330억)벌
3. 우리나라는 세계 몇 위의 헌옷 수출국 일까? : 5위
4. 패스트 패션이란 무엇인가?
패스트 패션은 유행에 따라 옷 스타일이 빠르게 변화하고, 빠르게 팔리고, 버리는것이다.
5. 우리가 수거함에 버린 옷을 운명은 어떻게 될까?
해외에서 태워지거나 방치된다. (다른나라로 수출되서 <95%>) - 5% 국내
6. MZ세대는 왜 옷을 많이 사는가?
인터넷으로 자기에게 맞는 옷을 추천받아서
7. 1인당 연간 옷 구매량은 (68)개인데 이는 1980년대에 비해 (5)배 늘어난 것이다. 구매한 후 한번도 입지 않고 버려지는 옷이 (12)%나 된다.
8. 세탁을 통해 (세탁폐수)이 발생한다.
9. 영상을 본 소감을 적어보자.
옷들이 생각보다 많이 버려진다는 사실을 영상을 통해 알았고, 옷을 살때 "이게 나에게 꼭 필요한 옷인지" 생각하면서 (고민) 사야겠다고 생각했다.

10. ZARA와 파타고니아 비교하기(공동점이나 차이점, 특징 5개 정리하기)

차이점
- 파타고니아 : "슬로우 패션"으로 튼튼하고 오래입는 옷을 만들어서 버려지는 옷을 최소화하는게 특징이다.
- 자라 ZARA : "패스트 패션"이라는 개념을 가장 극명하게 드러내고, 생산까지의 빠른(짧은) 시간, 빠른 회전율이 특징이다.

공통점 (다른쪽이지만 둘다 좋게 평가됨(돈을 많이 벌). (자라: 디자인 예쁘고, 회전율 fast 여서 좋게 평가 / 파타고니아: 환경 많이 생각해서 좋게 평가)

11. 지구를 위한 옷장 만들기(탄소중립을 위해 할 수 있는 목표 정하기. 5개 이상)
1. 옷 살때 최대한 신중하게, 고민하면서 사기.
2. 옷을 버릴때도 "진짜 버려도 후회없나?, 나한테 필요없나?"하며 고민해서 버리기
3. 너무 세탁을 많이 하지않는다.
4. 필요없는 옷은 중고거래로 팔거나, 기부한다.
5. 안입는옷은 리폼해서 활용한다

▪ 활동지 예시

• **서원이의 실천 목표**

1. 옷을 제대로 세탁하고 관리한다.
2. 무지 티셔츠나 후드를 구매한다.
3. 공정무역 제품을 구매한다.
4. 리사이클링해서 사용한다.
5. 다양한 종류로 적게 구매한다.

마지막으로 다시입다연구소(https://wearagain.campaignus.me/)에서 진행 중인 '재고 의류 폐기 금지법' 제정 운동을 소개하고 원하는 사람은 서명에 동참하도록 했다.

여기까지 활동을 마치고 다가오는 축제에서 바자회를 해 보면 어떻겠느냐는 이야기를 꺼냈다. 대부분의 아이들이 동아리 활동과 겹쳐서 쉽지 않다고 했지만 두 아이가 적극적으로 하겠다고 나섰다. 이 아이들을 믿고 판을 한번 벌려 봐? 재미있을 것 같기도 하고 힘들 것 같기도 하고…….

수업의 흐름(2시간 블록 수업)

활동 1: 〈옷을 위한 지구는 없다〉 영상 보고 활동지 채우기

활동 2: 자라와 파타고니아 비교하기(두 브랜드의 공통점, 차이점, 특징 등을 5개 이상 정리하기)

활동 3: '지구를 위한 옷장' 실천 목표 정하기

활동 소감 나누기

축제 때 바자회 진행에 관한 논의

참고

- 환경 스페셜 〈옷을 위한 지구는 없다〉
  https://www.youtube.com/watch?v=gw5PdqOiodU
- 『오늘부터 시작하는 탄소중립』, 권승문·김세영, 휴머니스트
- 『파타고니아, 파도가 칠 때는 서핑을』, 이본 쉬나드, 라이팅하우스
- 다시입다연구소
  https://wearagain.campaignus.me/

9차시

기후위기 시대, 무엇을 입을까? 2

- 바자회 하기

지난 시간에 의류 산업의 문제점을 전반적으로 살펴본 데 이어 이번 시간에는 의류 산업에서 어떻게 하면 탄소중립을 이룰 수 있을지 그 실천 방안을 고민해 보고자 한다.

먼저 축제 기간에 바자회를 열기로 한 계획을 구체화했다. 자신들이 하겠다고 적극적으로 나섰던 두 아이가 준비를 도맡았다. 바자회의 제목은 지난번 수업 시간에 썼던 용어인 '지구를 위한 옷장'으로 하고 안내와 홍보를 위한 포스터와 이용 티켓, 옷의 설명을 적을 태그를 만들었다. 어린 학생들인데도 '미리캔버스' 등의 앱을 활용해서 예쁘게 만들었다.

다른 학생들은 수업 시간에 '탄소중립 패션에 도움이 되는 앱, 사이트, 회사 조사하기' 활동을 진행했다. 카드 뉴스로 만든 자료는 출력해서 바자회 때 함께 전시하기로 했다. 탄소중립 패션 브랜드를 조사한 조가 많았고, 중고 의류 판매 앱인 '바자BaZa'를 조사한 조도 있었다. 또 폐섬유와 의류로 건물 마감재를 만드는 회사인 세진플러스를 조사한 조도 있었고, 스타일과 지속가능성의 가치에 따라 의류를 구입할 수 있도록 설계한 앱인 'Renoon'을 조사한 조도 있었다.

바자회 물품은 일주일간 점심시간에 화학실에서 받기로 했다. 우리의 바자회는 물건을 사고파는 게 아니라 서로 물건을 바꾸고 나누어 쓰자는 콘셉트로 정했다. 물품을 접수하면서 물품에 설명 태그를 적어 붙이게 하고 바자회 당일 쓸 수 있는 이용권을 주었다. 물품에 사연을 적는 아이디어는 다시입다연구소의 바자회 진행 툴인 '21% 파티'에서 얻었다. 그런데 중간에 휴일이 있어서 실제로 물품을 수거한 날이 3일밖에 되지 않았다. 그래도 막판에 선생님들이 많은 물품을 가져와 주셔서 꽤 많은 물건을 모을 수 있었다.

▪ 조별 발표 자료: 슬로 패션 브랜드

▪ 조별 발표 자료: 새활용 브랜드

▪ 조별 발표 자료: 새활용 브랜드

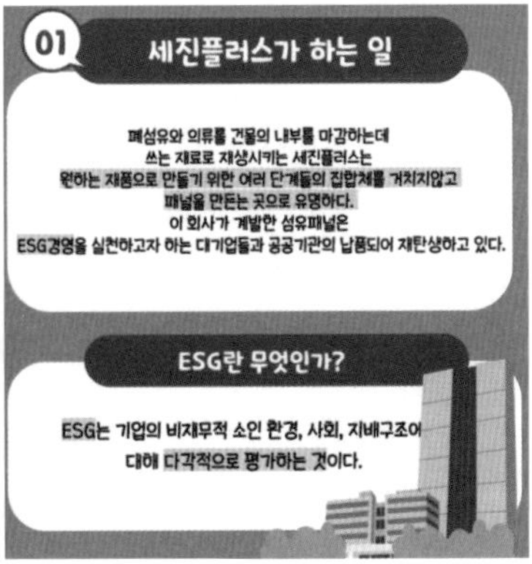

▪ 조별 발표 자료: 새활용 브랜드

▪ 조별 발표 자료: 중고 의류 판매 앱

▪ 조별 발표 자료: 친환경 의류 앱

드디어 바자회 날.

아침에 그동안 접수한 물품들을 바자회 장소인 운동장으로 옮기고 진열해야 해서 마음이 급했다. 아이들은 자기 동아리 준비하랴, 공연 리허설하랴 바쁜 와중에도 시간을 내어 물건을 옮기는 데 손을 보탰다. 제때 물건들을 모두 옮기고 아이들이 조회를 하는 동안 나는 재빨리 그 물건들을 정리했다. 옷은 교무실에 있는 행거를 옮겨 와 걸고 가방과 미처 걸지 못한 옷은 바닥에 우드록을 깔고 진열했다. 나머지는 문구, 책, 인형, 화장품, 텀블러 등 비슷한 물품끼리 진열을 했다. 어느 정도 물건을 늘어놓고 나니 아이들이 와서 나머지 정리를 도왔다.

바자회는 성황리에 진행되었다. 바자회에 물건을 낸 친구들도 왔지만 대부분은 그냥 온 친구들이었다. 옆의 기후행동 동아리 부스에서 줄넘기 발전기 체험을 하고 이용권을 받아 오도록 안내했다. 아이들은 줄넘기를 하고 이용권을 받아 와서 물건을 골라 갔다.

'지구를 위한 옷장' 물건 중에는 좋게 말하면 아기자기하고, 나쁘게 말하면 꼬질꼬질한 소품들이 많았는데, 아이들에게는 그런 소품이 인기가 짱이었다! 의류는 별로 나가지 않았다. 물건을 진열하고 홍보하는 과정에서 태그에 있는 사연이 그 물건을 이해하는 데 도움이 많이 되었다. 예를 들면 다음과 같은 내용이다.

'이 물건은 귀여운 반지예요. 우리 딸이 할머니한테 선물 받았는데 언니들한테 주고 싶대요. 예쁜 반지 골라 가세요~.'

'이 물건은 펭수 우산이야. 펭수 좋아해서 팬심으로 산 물건인데 내 나이가…… 많기 때문에 잘 사용하지 못했어. 귀여운 친구가 잘 써 줬으면 좋겠어!'

'이 물건은 내 눈물을 담은 피카츄 인형이야. 가방에 달고 다니려고 산 물건인데 내 강아지 때문에 잘 사용하지 못했어. 내 정성을 봐서라도 잘 써 줬으면 좋겠어!'

'이 물건은 뜨개질 세트, 라틴 공예 세트야. 멋지게 만들어서 선물하려고 산 물건인데 소질이 없어서 잘 사용하지 못했어. 잘 써 줬으면 좋겠어!'

이런 사연을 담은 물건들이 속속 새 주인을 찾아갔다. 아이들은 선생님들이 낸 물건에 관심이 많았고, 선생님들은 자신의 물건을 아이들이 좋아하는지 많이 궁금해했다. 물건을 가져가는 사람은 맘에 드는 물건을 얻어서 기분이 좋고, 물건을 내놓은 사람은 내가 내놓은 물건이 인기가 많아서 기분이 좋은 그런 시간이었다. 그리고 바자회를 진행한 우리는 물건에 가치를 부여하고 물건과 사람을 연결해 주며 느끼는 재미와 보람이 쏠쏠했다.

단점이라면 나의 허리 통증이 도졌다는 것? 무거운 것을 나르는 것도, 행사를 진행하는 것도 아이들이 척척 했던 고등학교에서와는 달리 중학교에서는 교사가 직접 행사를 지휘하고 책상도 날라야 하는 몸이 고달픈 행사였다. 남은 물건은 행사가 끝나고 아름다운가게에 기증했다. 이것으로 탄소중립 의생활편 끝!

▪ '지구를 위한 옷장' 바자회

▪ 물품 태그의 사연

▪ 아기자기한 바자회 물품들

⊖ 수업의 흐름(2시간 블록 수업) ⊕

바자회 준비: 홍보용 포스터, 설명 태그, 이용권 만들기

활동: 탄소중립 패션에 도움이 되는 앱, 사이트, 회사 조사하기

바자회 물품 걷기와 축제 때 바자회 진행에 관한 논의

참고

- 다시입다연구소
  https://wearagain.campaignus.me/

10차시

기후위기 시대, 어디서 살까?

먹거리, 입을 거리에 이어서 이번 시간에는 기후위기 시대에 어디서 살 것인가를 살펴보고자 한다.

총 온실가스 배출량에서 건물이 36퍼센트를 차지한다. 발전소나 산업시설이 거의 없는 서울은 건물이 차지하는 비중이 더 커서 69퍼센트 가까이 된다. 서울이라는 도시가 탄소중립을 이루려면 건물에서 탄소 배출량을 줄이는 것이 매우 중요하다.

지금까지 지어진 일반 건축물은 건물이 소비하는 에너지를 크게 고려하지 않아서 계절별로 온도의 영향을 많이 받는다. 그래서 냉난방에 많은 에너지가 들어가는데, 그 에너지는 주로 화석연료에 의존한다. 이에 대한 대안으로 제로 에너지 건축물이 제시되고 있다.

먼저 한국에너지공단에서 제작한 〈제로 에너지 건축물이란?〉 영상(https://www.youtube.com/watch?v=1GeBhDbmbfw)을 보고 제로 에너지 건축의 정의와 제로 에너지 건축을 이루는 두 가지 기술인 패시브 기술과 액티브 기술에 대해 살펴본 다음 활동지를 작성하는 순서로 수업을 진행했다.

제로 에너지 건축물은 설계 단계부터 에너지 사용을 최소화하고 꼭 필요한 에너지는 신재생에너지로 생산하도록 하여 탄소 배출량을 제로에 가깝게 만드는 미래형 건축물을 말한다. 그것이 가능하려면 '패시브 기술'과 '액티브 기술'이 필요하다.

패시브passive 기술은 건물의 단열 및 기밀氣密 성능을 강화하여 에너지 소비를 최소화하도록 만드는 기술이다. 예를 들면 고성능의 단열재를 건물의 외벽에 설치하여 열의 손실을 막고 틈새로 열이 새어 나가지 않게 3중 유리로 된 창호를 이용하여 시공을 한다. 또 열 회수 환기 시스템을 이용해 창문을 열지 않고도 실내외 공기를 순환시키도록 한다. 이렇게 하면 건물에 필요한 에너지가 획기적으로 줄어든다.

그다음 필요한 기술이 액티브active 기술이다. 여기에는 각종 설비의 효율을 높이고 신재생에너지로 에너지를 공급하는 기술이 들어간다. 먼저 각종 설비를 고효율로 바꾸고 건물 에너지 관리 시스템을 도입하면 에너지 효율을 높여 에너지 소비를 줄일 수 있다. 여기까지 하면 건물에 필요한 에너지를 기존 건축물에 비해 90퍼센트까지 줄일 수 있다. 그리고 남은 10퍼센트의 에너지는 화석연료 대신 신재생에너지를 사용하면 에너지 제로를 실현할 수 있다.

여기서 가장 중요한 포인트는 단열을 잘하고 에너지 효율을 높이면 건물에 필요한 에너지를 획기적으로 줄일 수 있다는 것이다. 화석연료를 펑펑 쓰면서 만들던 에너지를 단순히 신재생에너지로 바꾸는 것이 아니라 에너지를 최소한으로 줄이고 나서 남은 에너지를 신재생에너지로 대체하는 것이다.

제로 에너지 건축물은 머나먼 미래의 드림 하우스가 아니다. 지금 바로 실행해야 한다. 앞으로 지어질 건축물은 의무적으로 제로 에너지 건축물로 짓도록 법이 바뀌었기 때문이다. 2020년에 연면적 1000제곱미터 이상의 공공 건축물을 시작으로 해서 2030년이 되면 연면적 50제곱미터 이상 모든 건축물을 제로 에너지 건축으로 지어야 한다.

다음으로 제로 에너지 건축 사례로 노원구의 아파트 단지인 이지하우스를 소개하는 영상(https://www.youtube.com/watch?v=VM4T30zgVCw)을 보여 주었다. 영상을 보면 이지하우스 입주자가 나와서 집의 장점을 설명해 준다. 입주자에 따르면 에너지 관리 시스템이 있어 현재 전기 사용량이 얼마나 되는지 실시간으로 체크할 수 있고, 건물의 모든 에너지 관련 요금은 전기 요금으로 통합되어 나오는데, 전기 요금이 줄어서 좋다고 한다. 또한 실내 온도를 거의 일정하게 유지할 수 있어 1년 내내 실내복을 입고 지낸단다.

그 외에 서울시에서 이루어진 그린 리모델링의 예로 상계동 주민센터, 둔촌도서관, 강동구청, 서울에너지드림센터 등을 소개하고, 마지막으로 학교가 제로 에너지 건축으로 거듭나려면 어떤 것이 필요한지를 살펴보았다.

이지하우스를 지은 친환경 건축사 이응신 박사님에 따르면 아이들이 수업 시간에 자는 것은 교사의 수업이 재미없어서가 아니라 실내 이산화탄소의 농도가 높기 때문이라고 한다. 실내 이산화탄소의 농도가 1000피피엠이 넘으면 졸음이 쏟아진다. 그래서 중요한 것이 열 회수형 환기 장치다. 열 회수형 환기 장치는 단열이 중요한 학교에서 창문을 열지 않고도 환기가 되는 역할을 하므로 학교를 리모델링할 때 꼭 필요한 장치라고 한다. 그 외에 다양한 태양광 패널, 쿨루프, 옥상정원, 조경수, 자연 채광을 끌어들이기 위한 광덕트 등을 간단하게 소개했다.

그러고 나서 2차시에는 본격적인 활동으로 제로 에너지 하우스나 제로 에너지 학교 중 하나를 구상하여 그리도록 했다. 완성된 작품은 패들렛에 올리고 발표를 하게 했다. 다음은 아이들이 발표한 내용이다.

• 옥상정원이 있는 학교

"저는 지구를 위한 학교를 그려 보았는데요. 일단 패시브 기술을 적용해서 고성능 단열 외벽에 고기밀 창호를 설치했고요. 옥상에는 태양광 패널을 설치하고 옥상정원을 만들었어요. 그리고 나무를 심었고요. 교실에는 고효율 TV를 설치하고 고효율의 냉난방 시설을 했습니다."

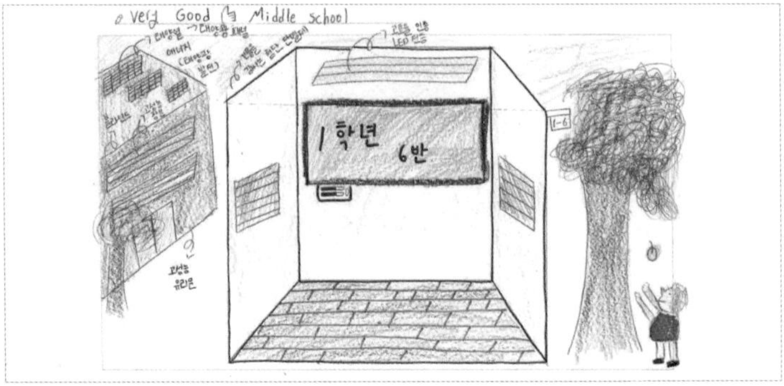

▪ 고성능 창문과 전동 블라인드를 설치한 학교

"저는 열 손실이 안 되도록 고성능 창문을 설치하고 전동 블라인드를 달았습니다."

▪ 광덕트를 설치한 학교

"저는 학교에 광덕트를 설치해서 자연 채광 효과를 주었어요."

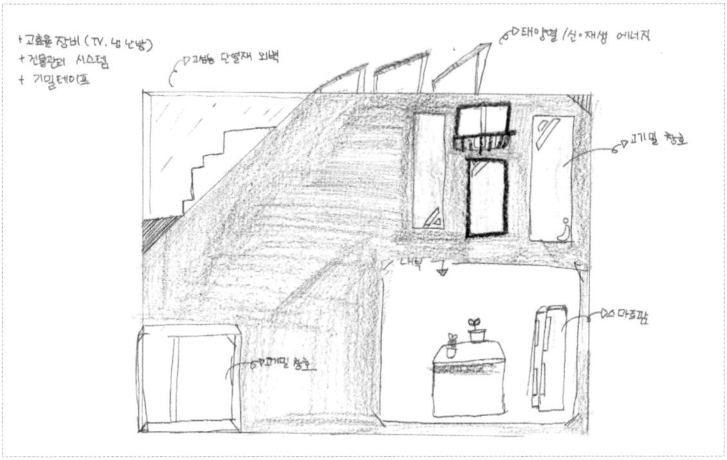

▪ 스마트팜을 설치한 학교

"저는 교실에 스마트팜을 설치해 봤어요."

아이들은 기본적인 패시브 기술과 액티브 기술 외에도 옥상정원, 광덕트에 스마트팜까지 설치했다. 스쳐 지나듯이 설명한 내용을 바로 반영하고 설명에도 없었던 스마트팜을 설치하다니…… 그만하면 되었다. 그리고 아이들은 자신이 지은 건물에 '빵빵이지, 지구를 위한 학교, 온기먹집, Earth's, 콩비지지비지' 등의 이름을 붙여 주었다.

수업의 흐름(2시간 블록 수업)

제로 에너지 건축 영상 보기

노원 이지하우스 영상 보기

활동: 제로 에너지 하우스나 제로 에너지 학교 중 하나를 구상하여 그리기

발표하기

참조

제로 에너지 건축과 학교의 사례는 친환경 건축사 이응신 박사님의 워크숍 자료를 참조했다.

참고

- 〈제로 에너지 건축물이란?〉
  https://www.youtube.com/watch?v=1GeBhDbmbfw
- 〈노원의 아주 특별한 곳! 노원 이지하우스〉
  https://www.youtube.com/watch?v=VM4T30zgVCw

11차시

기후위기 시대, 무엇을 탈까?

지금까지 기후위기 시대에 무엇을 먹을지, 어떤 것을 입을지, 어디서 살지를 살펴보았다. 이제 무엇을 탈 것인가를 살펴볼 차례가 되었다.

첫 번째 활동으로 '나의 등굣길 탄소 배출량 계산하기'를 해 보았다. 방법은 간단하다. 먼저 집에서 학교까지 오가는 왕복 거리를 구한다. 여기에 이동 수단별 탄소 배출량을 곱해서 탄소 배출량을 알아낸다. 집에서 학교까지의 왕복 거리는 네이버 지도를 이용하여 알아내도록 했고, 이동 수단별 탄소 배출량은 표로 제시해 주었다. 그럼 쉽게 구할 것이라고 생각했는데, 생각보다 질문이 많았다.

"샘, 저는 학교 올 때는 자동차, 집에 갈 때는 버스를 이용하는데 어떻게 해요?"

"그럼 올 때의 거리는 자동차의 계수를 곱하고 갈 때의 거리는 버스의 계수를 곱해서 더하세요."

"저는 걷기도 하고 가끔 버스도 타는데 어떻게 해요?"

"더 많이 이용하는 쪽으로 하거나 평균으로 하세요."

"저는 전기차를 타고 오는데 어떻게 해요?"

"아…… 전기차 배출 계수가 없구나. 인터넷에 검색해 볼래?"

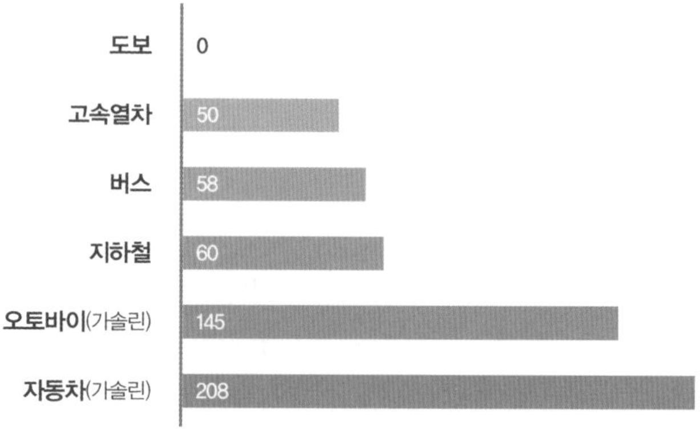

▪ 교통수단별 평균 탄소 배출량(g/km)

이렇게 배출량을 구하게 한 다음 발표를 시켰더니 다양한 사례가 나왔다.

"저는 집에서 학교까지 왕복 거리가 4.8킬로미터이고 버스로 이동합니다. 버스의 탄소 배출량은 킬로미터당 58이니까 그걸 곱하면 탄소 배출량은 278.4그램이 나와요."

"저는 집에서 학교까지의 왕복 거리가 4.2킬로미터예요. 오고 갈 때 모두 버스를 이용하면 탄소 배출량이 243.6그램이 나오고요. 가끔 집에 갈 때 걸어가기도 하는데, 그런 날은 121.8그램이 나와요."

"저는 아침에는 전기차로 등교하고 오후에는 버스로 하교해요. 전기차의 배출 계수를 84로 했을 때 학교 올 때는 배출량이 184.8그램이고 갈 때는 127.6그램이어서 더하면 312.4그램이 나와요."

아이들의 등굣길 탄소 배출량은 92.8그램에서 488그램까지 다양했다. 비교적 통학 거리가 짧은데도 온전히 걸어서 등교하는 아이들이 드물었다. 짧은 거리도 버스나 자동차를 이용하는 경우가 많았는데 그 경우 자연스럽게 이동 수단마다 차이점이 드러났다. 역시 자동차를 타고 통학하는 경우 탄소 배출량이 가장 크다는 것을 바로 비교할 수 있었다. 전기차를 타는 아이가 있어 비교가 되었는데 검색 결과 전기차도 휘발유차보다는 탄소 배출량이 적었으나 버스나 지하철보다는 탄소를 많이 배출하는 것으로 나왔다.

다음으로 수송 부문의 탄소중립에 관한 영상(https://www.youtube.com/watch?v=Z8ZLK7OUK5U)을 보고 활동지를 작성하는 활동을 했다.

2018년 교통 부문의 온실가스 배출량은 우리나라 전체 탄소 배출량의 14퍼센트를 차지한다. 도로, 철도, 해운, 항공이 교통에 속하는데 그중 도로 부문의 배출량이 94퍼센트를 차지한다. 도로에 가장 기후위기 시대, 무엇을 탈까?

학번(　　　　) 이름(　　　　)

활동1. 나의 등굣길 탄소배출량 계산하기

① 왕복 거리는 얼마나 되는가? 4.8 km (2.4X2)

② 이동수단은 무엇인가? 버스

③ 탄소배출량은 얼마인가? 58X4.8=278.4

활동2. '탄소중립의 두 번째 영역-수송' 동영상을 보고 아래 물음에 답해보자.

① 전기차는 태양광,발전, 풍력 발전, 수력 발전, 바이오매스, 해양에너지, 연료전지를 통해 얻어지는 (2차) 에너지원이다.

② 전기차는 생각보다 오래된 기술이다. 전기차가 사라졌다가 다시 부활한 이유는 무엇인가? 전기차가 내연기관차보다 비싸기 때문에 경쟁에서 져서 사라졌기만 환경문제가 심해지며 다시 생겼다.

③ 전기차는 탄소중립의 온전한 대안이 될 수 없기에(대중교통수단)으로 차량 이용을 줄여야 한다.

④ 서비스형 모빌리티는 무엇인가?

모든 이동 수단에 대한 정보를 통합해 사용자에게 최적의 루트를 제공하고, 목적지까지 이동하는 서비스

⑤ 친환경 선박, 친환경 비행기의 예를 쓰시오.

친환경 선박: 노르웨이의 암페어. 전기로만 이동
2022년부터 부산항에 전기로만 이동하는 전기 선박

친환경 비행기: 전기 비행기가 나옴(조비 에비에이션, 엘로이 에어...등)

⑥ 전기에너지 수송 시스템의 대안으로 떠오른 수소에너지의 장점은 무엇인가?

수소에너지 장점: 물질이기 때문에 저장과 운반이 쉽다. ♡
필요한만큼 충분한 양을 채울 수 있다.

⑦ 플뤼그스캄은 무엇인가?
(=flight shame)

비행기를 안 타는 사람들이 쓰는 용어

* 도로 위의 온실가스

-2018년 교통부문 온실가스 배출량은 우리나라 배출량의 (14)%

-교통부문은 도로, 철도, 해운, 항공이 있는데 그중 도로 부문의 배출량이 94%

-친환경자동차 비중은 2.9%

-코로나 이후 자동차 판매량은 크게 늘어남. 택배 물량의 증가로 화물차도 늘어남.

▪ 활동지 예시

많은 것이 자동차로 그에 대한 대안으로 전기차가 떠오르고 있다.

전기에너지는 태양광, 풍력, 수력, 바이오매스(생물 자원), 해양에너지, 연료전지를 통해 얻어지는 2차 에너지원이다. 그런데 전기차가 생각보다 오래된 기술이라는 것을 사람들이 알고 있을까? 전기차는 휘발유차보다도 먼저 나왔고 주목을 받았으나 가격 경쟁력에 밀려 사라졌다. 그랬다가 기후위기가 심각해지면서 다시 화려하게 부활했다.

그러나 전기차가 탄소중립의 온전한 대안이 될 수는 없다. 탄소 배출량을 지금보다 더 줄이기 위해서는 대중교통의 이용을 늘려야 한다. 이때 고려되는 것이 서비스형 모빌리티다. 서비스형 모빌리티MaaS는 여러 가지 교통수단을 연계해 최적의 이동 경로를 제공하고, 비용 정보와 호출 및 결제 서비스 등까지 제공하는 통합 이동 서비스다.

그 외 친환경 선박과 비행기의 예를 살펴보고 전기에너지 수송 시스템을 보완할 수 있는 대안으로 떠오른 수소에너지에 대해 살펴보았다.

그러고 나서 본격적인 활동으로 '한 줄 서기 토론'을 했다. 한 줄 서기 토론은 주제에 대해 동의하는 정도에 따라 직접 줄을 서면서 토론하는 활동이다. 주제는 '친환경 자동차는 교통 부문에서 탄소 배출을 획기적으로 줄일 수 있을까?'다.

먼저 아이들에게 토론 방법을 설명해 주었다.

"유럽연합과 중국은 2035년 이후에는 탄소 배출 제로 차량만 판매해야 한다는 안을 통과시켰어요. 그러면 앞으로 휘발유차는 점점 사라지고 전기차와 수소차로 대체되겠죠. 이 정책은 교통 부문에서 탄소 배출량을 획기적으로 줄일 수 있을까요? 교실 앞쪽이 '가장 그렇다', 교실 뒤쪽은 '가장 그렇지 않다'입니다. 모두 나와서 내 의견이 어디쯤인지 결정해서 줄을 서 보세요."

아이들은 처음에는 머뭇거리며 서로 눈치를 보다가 마음을 정하고 줄을 섰다. '그렇지 않다'는 쪽은 거의 없었고 '그렇다'는 쪽이 많았다.

'가장 그렇다'는 쪽에 선 아이에게 질문을 던졌다.

"가장 앞에 섰는데, 왜 그렇다고 생각하는지 이유를 말해 봐."

"저는 친환경 자동차가 탄소 배출량을 많이 줄일 수 있을 것 같아서 여기에 섰어요."

"정말 그럴까? 아까 자료를 보니 전기차는 휘발유차보다는 적지만 버스나 지하철보다는 탄소를 많이 배출하던데. 그리고 그 전기를 재생에너지로 충당하지 않고 화력 발전에서 나오는 전기를 쓴다면 탄소 배출을 결코 줄이지 못하지 않을까?"

"그래도 휘발유차가 탄소 배출량이 훨씬 많으니까 그걸 다 전기차로 바꾸면 탄소 배출을 많이 줄일 수 있을 것 같아요. 그러기 위해서 정부에서 친환경차를 더 많이 생산할 수 있도록 정책이 나왔으면 좋겠어요. 또 친환경 자동차를 생산해도 대중교통을 좀 더 많이 이용할 수 있도록 혜택을 준다면 좋을 것 같아요."

"어떤 혜택이 있으면 좋을까?"

"음……."

"다른 나라에서 시행하는 정책 중에 대중교통을 무료로 이용하게 하는 것도 있어. 지하철이랑 버스가 공짜라면 어떨 것 같아?"

"그럼 확실히 대중교통을 이용하는 사람이 늘어날 것 같아요. 근데 어떻게 공짜로 해요?"

"대중교통을 공공 서비스로 보고 국민 세금으로 운영하면 돼. 아니면 자동차 이용을 괴롭게 하는 방법도 있고……."

"그럼 세금이 더 늘어나지 않나요?"

아이와는 반대의 관점에서 몇 가지 질문을 던지고 토론을 이어 갔다. 어느 정도 토론이 이루어진 다음 다시 줄서기를 했다. 그동안 생각이 바뀐 사람은 이동하라고 했다. 그랬더니 몇 명이 원래의 자리에서 살짝 아래쪽으로 이동했다. 자리를 바꾼 아이에게 왜 생각이 바뀌었는지 물었다.

"아까 선생님이 말씀하신 것처럼 전기차를 타도 84그램 정도의 탄소가 발생하니까 걸어 다니거나 자전거를 타거나 대중교통을 이용하는 게 더 좋을 것 같아요. 전기차를 탈 때에도 탄소 배출이 늘어나는 거잖아요."

"저도 처음에는 전기차를 타면 효과가 엄청 잘 나타날 거라고 생각했어요. 그런데 대중교통과 비교했을 때 아직은 탄소 배소 배출량이 많아서, 이게 잘 될지 안 될지 좀 헷갈려서 더 내려오게 되었어요."

이 정도로 토론을 마친 다음 자신의 생각을 정리해서 글로 쓰도록 했다. 아이들은 토론을 하면서 확장된 사고를 스스로의 언어로 표현했다. 다음은 아이들이 쓴 글이다.

• **유나의 생각**

어느 정도 탄소 배출을 줄일 수 있다고 생각한다(70퍼센트).
그 이유는 전기차도 아직 탄소 배출량이 높고 앞에서 보았듯이 전기차를 늘리는 것보다 대중교통을 늘리는 것이 더욱 효과적이고, 전기차를 늘리려면 전기를 충전하는 곳도 늘려야 하는데 몇 년 사이에 획기적으로 바뀔 것 같지 않아서다.
하지만 모든 대중교통을 전기차로 바꾼다면 더욱 획기적으로 탄소 배출을 줄일 수 있다고 생각한다. 그리고 서비스형 모빌리티를 잘 활용하면 자가용이 없더라도 자가용이 있는 것처럼 생각할 수 있다. 대중교통 비용을 0원으로 한다면 사람들이 자가용보다는 대중교통을 더욱 많이 이용할 것 같다.

• **미솔이의 생각**

나는 60퍼센트 정도로 아니라고 본다. 왜냐하면 전기차를 이용한다고 해도 대중교통보다는 탄소 배출량이 높다. 따라서 전기차보다는 서비스형 모빌리티같이 이동 수단을 대여해 주는 방식을 이용한다면 탄소 배출을 조금이라도 줄일 수 있을 것이다. 여기서 서비스형 모빌리티란 공유와 운송 수단을 결합한 것이다. 예를 들면 따릉이, 쏘카 등이 그것이다. 또 요즘은 친환경 선박, 친환경 비행기같이 친환경 운송 수단이 있다. 파리에서는 시내에서 시속 30킬로미터 미만으로 달려야 하고 주차장도 다 없애서 사람들이 대부분 대중교통을 이용한다고 한다. 우리나라에서도 이런 것들이 실행됐으면 좋겠다.

다음은 오늘 수업에 대한 아이들의 소감이다.

'전기차라고 해서 다 탄소중립이 되는 것이 아니라는 생각을 했다. 앞으로는 친환경 대중교통이 많이 생겨났으면 좋겠다.'

'내가 이동하면서 하루에 배출하는 탄소 배출량이 생각보다 많아서 놀랐다. 앞으로는 대중교통을 많이 이용해야겠다.'

'탄소 배출을 줄이기 위해서는 자동차를 타기보다는 자전거나 대중교통을 이용하고 걷는 것이 좋다는 이야기를 들었는데 이번 시간에 자동차를 대체할 수 있는 전기차까지 알게 되어 흥미로웠다.'

⊖ 수업의 흐름(2시간 블록 수업) ⊕

활동 1: 나의 등굣길 탄소 배출량 계산하기

수송 부문의 탄소중립에 관한 영상 보며 활동지 작성하기

활동 2: 한 줄 서기 토론 '친환경 자동차는 교통 부문에서 탄소 배출을 획기적으로 줄일 수 있을까?'

활동 3: 글쓰기로 정리하기

소감 나누기

참고

- 〈에너지지식탐구(7화): 탄소중립의 두 번째 영역 - 수송〉
  https://www.youtube.com/watch?v=Z8ZLK70UK5U
- 『단번에 개념 잡는 기후변화』, 박지선·박영희·한문정, 다른
- 『오늘부터 시작하는 탄소중립』, 권승문·김세영, 휴머니스트

12차시

기후위기 시대, 내가 살고 싶은 도시는?

지금까지 개인적 삶의 영역으로 먹거리, 입을 거리, 살 곳, 탈것에 대해 살펴보았다. 이제 사회적 영역으로 시야를 넓혀 이번 시간에는 '내가 살고 싶은 도시'에 대해 살펴보고자 한다.

기후위기를 극복하기 위해서는 결국 시민들의 합의하에 사회 시스템을 통째로 바꾸지 않으면 안 된다. 그 변화를 상상하고 꿈꿀 수 있게 보여 주는 기후도시 모델은 어디일까? 나는 먼저 프랑스 파리를 주목했다. 파리를 다룬 영상 〈15분 도시〉(https://www.youtube.com/watch?v=0eV0P3ISeOU)를 보고 활동지를 작성하는 것으로 수업을 시작했다.

'15분 도시'란 도시의 모든 거주자가 걷거나 자전거를 이용하여 15분 내에 학습, 일, 쇼핑, 여가 등을 할 수 있는 도시를 말한다. 모든 길이 자전거로 통행이 가능하고, 장애인의 이동도 자유롭다. 파리 외에도 오타와, 멜버른, 디트로이트, 마드리드, 밀라노 등이 15분 도시를 추진하고자 한다.

안 이달고Anne Hidalgo 파리시장은 시장 선거를 앞두고 '파리를 위한 선언'을 발표했다. 주요 내용은 다음과 같다.

1. 파리 시내 자동차의 주행 속도를 30킬로미터로 제한한다.
2. 주차장 면적 절반을 축소하고, 도시 전체를 정원으로 만든다.
3. 3대 건설 계획을 백지화하고 대신 숲을 조성한다.
4. 생태기후적 건축 기준을 마련한다.
5. 디지털 광고판을 퇴출한다.
6. 에어비앤비 주택을 사들여 공공 임대 주택으로 만든다.
7. 도시의 옥상농장을 확대하고, 채식 식단의 확대를 통해 파리 시민의 식량 주권을 확보한다.
8. 연대 센터를 만들어 낙오하는 시민이 없게 한다.
9. 공공 의료 서비스를 확대한다.

위의 내용을 같이 살펴본 후 아이들에게 물었다.

"이달고 시장은 시장 후보로 나서면서 이런 공약을 내세웠어요. 우리나라 정치인들은 주로 어디를 개발하거나 무엇을 건설하겠다는 것을 공약으로 내세우는데, 이달고 시장은 반대로 이미 예정되어 있는 개발 계획을 철회하고 숲을 만들겠다고 했어요. 게다가 주차장도 없애고 자동차도 30킬로미터 이상으로 달리지 못하게 하겠다고 했죠. 그런데도 파리 시민들은 이 사람을 시장으로 뽑고 파리를 바꾸겠다고 결정한 거예요. 여러분 같으면 이런 사람을 시장으로 뽑겠어요?"

"네. 저는 뽑을 것 같아요."

"저도요!"

"영상에도 나오지만 코로나 시기에 차 없는 도시를 이미 경험해 봐서인지 사람들이 그런 실험을 더 잘 받아들인 것 같아요. 지금은 그가 시장에 당선되어 그런 정책들이 시행되고 있는데 시민들 입장에서 불편한 점은 없을까요?"

"아파서 병원에 가야 할 때 자동차를 이용하지 못하면 불편할 것 같아요."

"그럴 때는 구급차를 부르면 되지 않을까요? 오히려 구급차의 이동이 수월해졌다고 해요."

"아……."

분명 변화에 따른 불편함이 많을 텐데도 아이들은 금방 떠오르지 않나 보다.

이달고 시장은 '불평등과 기후위기는 하나로 연결된 문제이며, 그것에 맞서는 방법인 생태와 연대도 결국 하나의 생각이다. 기후위기에 맞서 싸우는 것은 공중 보건을 지키기 위한 투쟁인 동시에 사회

정의를 위한 일이기도 하다'는 분명한 메시지를 내세우며 시장에 당선되었고 파리는 지금 거대한 실험을 진행하고 있다. 개인적으로 파리와 파리 시민이 무척 부러웠다. 파리가 기후도시의 모델이 되어 우리의 미래가 되어 주길 사심을 가득 담아 바라 본다.

이제 본격적인 활동으로 넘어가서 아이들에게 기후도시 중 하나를 택해서 조사하고 그 도시를 탐방하는 여행 팸플릿을 만들어 보라는 과제를 내주었다. 내가 예로 제시한 몇 개의 도시 중에서 아이들은 슬로베니아의 수도 류블랴나, 브라질 남부 도시 쿠리치바, 독일 서남부 도시 프라이부르크, 덴마크의 수도 코펜하겐, 스페인의 수도 마드리드를 골랐다. 팸플릿에는 도시의 특징, 방문할 곳, 여행 원칙 등을 포함하도록 했고, 한 시간으로는 부족해서 그다음 주까지 시간을 주고 자료를 만들게 했다. 아이들은 열심히 자료를 모으고 그것을 팸플릿으로 만들어서 발표를 했다. 그중 일부를 소개하면 다음과 같다.

"류블랴나 사람들은 대부분 걷거나 자전거를 이용해요. 그리고 시에서 카바리르라는 전기차를 운행해요. '그린 젠틀맨'이라고도 불리는 전기차는 골프장 카트처럼 생겼는데 걷다가 지칠 때쯤 손을 흔들기만 하면 탈 수 있어요. 요금은 무료예요."

"코펜하겐은 세계 최초로 탄소중립 도시를 선언했어요. 2050년까지 에너지 소비량의 100퍼센트를 신재생에너지로 조달하겠다고 발표했어요. 1990년 세계 최초로 5메가와트의 해상 풍력단지를 설치했고요. 현재 덴마크 전력 소비량 중 46퍼센트를 풍력 발전으로 조달하고 있어요. 시민의 절반 이상이 자전거를 이용해 출퇴근해요. 현재 운행 중인 자동차도 모두 전기차, 수소차로 교체할 예정이라고 해요."

"쿠리치바 여행 원칙으로는 굴절형 버스 이용과 녹색 교환 정책 활용으로 정했습니다. 이동할 때는 굴절형 버스로만 이동을 할 거고요. 생활 쓰레기를 모아서 가져가면 버스 요금이 무료이니 여행할 때 이 정책을 체험해 보도록 하겠습니다."

아이들은 도시의 특징에 맞춰 다양한 사례와 친환경 정책을 소개했다. 그리고 효진이네 조는 발표 마지막에 이번 활동에서 느낀 점을 덧붙였다.

"덴마크의 수도가 코펜하겐이라는 것은 알고 있었는데 세계 최초로 탄소중립을 선언했다는 것은 이번에 처음 알았어요. 환경에 좋지 않은 것을 활용해 다양한 공공 수영장, 스키장 등을 만드는 것이 정말 인상 깊었습니다. 지금은 사진으로만 보고 정보만 조사한 수준이지만 언젠가는 꼭 코펜하겐으로 여행을 가 보고 싶습니다. 특히 코펜힐의 스키장과 암벽이 인상 깊었습니다."

마지막으로 내가 우리나라 기후도시의 현황을 덧붙이고 수업을 마무리했다.

"샘이 우리나라에도 기후도시 사례가 있는지 찾아봤는데, 아직은 괜찮은 사례가 없었어요. 그런데 환경부 자료를 보니까 앞으로 '탄소중립 그린도시' 사업을 추진하는데 수원시와 충주시가 선정되었대요. 수원시는 공공 건물에 태양광 패널을 설치하고 그린수소를 생산하면서 에너지 전환을 하고 방치된 공유지를 활용해서 탄소를 흡수할 공원이나 숲을 조성하고 폐기물의 스마트 수거 시스템 등을 만들 거라고 해요. 충주시는 주로 수소를 기반으로 하는 에너지 전환 시스템을 만들 예정이라고 하고요. 앞으로 우리나라에도 훌륭한 기후도시 모델이 나오기를 기대해 봐요."

흔히 기후위기 수업을 할 때 기후위기가 얼마나 심각한지 보여 주는 충격 요법을 쓰는 경우가 많다. 그런데 이런 방법은 경각심을 일으키기에는 좋지만 절망과 우울감을 불러오기도 쉽다. 그래서 기후위기 문제에서 회피하고 싶은 심리적 방어 기제가 작동하기도 한다. 위기를 극복하고자 하는 의지와 동기를 주려면 희망도 함께 보여 주어야 한다. 위기는 변화와 도약의 발판이기도 하니까. 기후위기 수업의 기획자로서 항상 고민하는 부분이다. 아직 길에서 헤매고 있지만 이번 수업에서 아이들이 다른 도시의 사례를 통해 조금이라도 변화를 위한 희망을 보았기를 소망한다.

▪ 발표 모습

그나저나 발표를 듣다 보니 나도 아이들이 발표한 도시들을 엮어 기후도시 여행을 가 보고 싶다는 생각이 든다. 이전에 『과학 선생님, 독일 가다』를 집필할 때 독일 프라이부르크를 방문하고 환경도시의 대표적인 사례로 소개한 적이 있다. 이번엔 특히 류블랴나를 꼭 가 보고 싶다. 류블랴나는 슬로베니아어로 '사랑스럽다'라는 뜻이라고 하는데, 그 말대로 도시가 너무 사랑스럽다.

류블랴나의 특징

류블랴나 사람들은 대부분 걷거나 자전거를 이용한다.
류블랴나시에서 전기카 '카바리르' 를 운행한다.
'그린 젠틀맨' 이라고도 불리는 전기차는 골프장 카트처럼 생겼다.
시민이나 관광객 누구나 이용할 수 있어서 걷다가 지칠 때 그저 멈춰서 손을 흔들기만 하면 된다.
그리고 요금은 무료이다.

카바리르(그린젠틀맨)

▪ 발표 자료: 류블랴나의 특징

▪ 발표 자료: 코펜하겐에서 방문할 곳

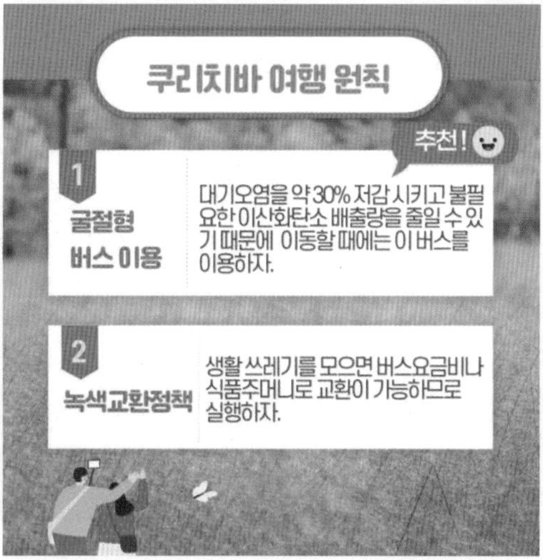

▪ 발표 자료: 쿠리치바 여행 원칙

▪ 발표 자료: 프라이부르크의 특징

기후위기 시대, 내가 살고 싶은 도시는?

학번(   ) 이름(   )

* 15분 도시란 무엇인가?

15분 내에 대중교통, 상점 및 학교와 같은 서비스에 접근할 수 있는 도시

15분 이내에 도달할 수 범위를 하나의 생활권으로 정하고 주거, 학교, 소기업, 의료, 상점, 여가시설 등 주민들이 그 안에서 완전한 삶을 영위하는데 필요한 기능을 제공한다는 것이다.

* 15분 도시를 시행하고자 하는 도시는 어디인가?

프랑스 파리 / 캐나다 오타와 / 호주 멜버른 / 미국 디트로이트 이탈리아 밀라노 / 스페인 마드리드 등

핵심 키워드*

↙ ↓ ↘

생태 연대 건강

* 이달고 시장의 파리를 위한 선언 주요정책

1. 파리 시내의 주행속도를 (30)km/h로 제한한다. 이러한 정책은 어떤 장점이 있을까?

1. 대기 오염 축소 2. 공기질 좋아짐 3. 온실가스 배출 감소 4. 도시소음 줄임

2. 주차장 면적 절반을 축소하고, 도시 전체를 정원으로 만든다.
3. 3대 건설계획을 백지화하고 대신 (숲)을 조성한다.
4. 생태계유적 건축기준 마련
5. 디지털 광고판 퇴출
6. 에어비앤비 주택을 사들여 공공임대주택으로 만든다.
7. 파리 시민의 식량주권 확보 ; 도시의 (옥상)농장 확대, 채식식단 확대
8. 새로운 연대의 창조
9. 공공의료서비스 확대

* 15분 도시의 단점은 무엇일까?

다리가 다치거나 빨리 가야할 때 불편하다.

"불평등과 기후, 생태계는 하나로 연결된 문제이며, 그것에 맞서는 방법인 생태와 연대로 결국 하나의 생각이다. 기후위기에 맞서 싸우는 것은 공중 보건을 지키기 위한 투쟁인 동시에 사회적 정의를 위한 일이기도 하다. 기후위기와 (생물 다양성)의 붕괴는 바로 시민들의 건강에 극적인 결과로 이어지기 때문이다."

* 기후도시 중 하나를 택해서 조사하고 기후도시를 탐방하는 여행 팜플렛을 만들어보자.

-도시 예시: 쿠리치바, 오슬로, 프라이부르크, 포틀랜드, 코펜하겐, 포틀랜드, 네옴, 레이캬비크, 오타와, 멜버른, 바르셀로나

-도시의 특징, 방문할 곳, 여행의 원칙 등이 포함될 것

▪ 활동지 예시

수업의 흐름(4시간 블록 수업)

파리 〈15분 도시〉 영상을 보고 활동지 작성하기

활동: 기후도시를 탐방하는 여행 팸플릿 만들기

발표하기

참고

- 〈15분 도시 - 모든 생활이 15분 내에 이뤄지는 도시가 있다고?(기후도시 파리편)〉
  https://www.youtube.com/watch?v=0eV0P3ISe0U
- 〈주차장 6만 개 없애 버린다는 도시 [기후도시 프랑스 파리(파리를 위한 선언)편]〉
  https://www.youtube.com/watch?v=XWaNTHQzfjA
- 『오늘부터 시작하는 탄소중립』, 권승문·김세영, 휴머니스트

13차시

기후위기 시대, 어떤 에너지를 사용할까?

이제 화석연료와 에너지 문제를 본격적으로 다룰 때가 되었다. 인류가 배출하는 탄소의 대부분은 화석연료를 통해 얻는 에너지와 제품에서 나온다. 결국 현재의 기후위기는 화석연료를 기반으로 한 문명에서 온 것이라고 할 수 있다. 그래서 탄소중립을 이루고 기후위기를 극복하는 해법은 의외로 간단하다. 화석연료를 사용하지 않으면 된다!

그런데 그 실천이 그리 간단하지 않다. 에너지를 전환한다는 것은 그 에너지를 기반으로 만들어진 모든 사회 시스템을 통째로 바꾸어야 한다는 뜻이기 때문이다. 이것을 이해하기 위해서는 인류가 처음 불을 사용하기 시작한 때부터 산업혁명, 전기의 발명, 석유화학의 발달에 이르기까지 에너지 전환에 따른 사회의 변화를 역사적으로 살펴보아야 한다.

인류의 첫 번째 에너지 전환은 불의 사용이다. 인류는 불을 사용하면서 추위를 피하게 되었고 짐승으로부터 스스로를 보호할 수 있게 되었다. 더 나아가 흙을 구워 도구를 만들고 철을 제련하여 철기구를 만들면서 인류 문명이 본격적으로 시작되었다.

두 번째 에너지 전환은 석탄의 사용이다. 18세기 산업혁명을 계기로 나무에서 석탄으로 에너지원이 바뀌면서 산업이 더욱 발달했다. 증기기관의 발명으로 수공업이 기계를 이용한 산업으로 대체되었고, 증기기관을 이용해서 깊은 땅속에서 석탄을 채굴할 수 있게 되었으며, 대량 생산된 제품을 증기기관차를 이용하여 먼 곳으로 실어 나를 수 있게 되었다.

세 번째 에너지 전환은 19세기 후반 전기의 발명과 함께 왔다. 전기를 만들기 위해 발전소가 세워졌고 전기는 에너지, 조명, 난방, 통신에 이르기까지 사회의 많은 것을 변화시켰다.

네 번째 에너지 전환은 20세기 들어 석유가 주요 에너지원이 되면서 이루어졌다. 석유는 에너지를 얻는 원료일 뿐 아니라 다양한 산업에 응용되어 석유화학공업을 일으켰다.

이제 우리는 기후위기로 인해 다시 에너지의 전환을 눈앞에 두고 있다. 기후위기의 원인인 화석연료 대신 탄소를 배출하지 않으면서 고갈되지 않는 에너지인 신재생에너지가 새로운 에너지원으로 주목받고 있다. 지속가능한 신재생에너지를 기반으로 하여 새로운 사회 시스템으로 전환해야 할 시점에 와 있는 것이다. 어떤 사람들은 이게 가능하냐고 되묻는데, 그 해답은 역사가 알려 준다. 지금까지 인류는 에너지 전환이 이루어질 때마다 드라마틱한 변화를 경험했다. 산업 혁명부터 지금에 이르기까지 채 300년이 지나지 않았다. 그동안 과학기술의 발전과 맞닿은 극적인 변화로 사회가 변화되어 왔고 이제 인류는 다시 변환점에 와 있다. 그러므로 우리가 미래를 위해 할 일은 하루라도 빨리 재생에너지 기반의 사회로 전환하는 것이다.

그렇다면 우리나라에서는 재생에너지를 어느 정도 사용하고 있을까? 2019년 국가별 재생에너지 점유율을 보면 우리나라는 OECD 국가 중 꼴찌다. 정부가 내놓은 탄소중립 로드맵에서는 2030년까지

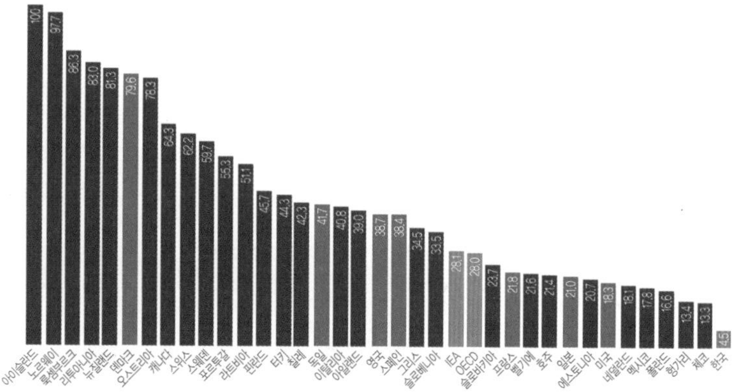

출처: IEA, Monthly Statistics

▪ 2019년 OECD 국가별 재생에너지 점유율

재생에너지 비율을 20퍼센트까지 늘리겠다고 한다. 탄소중립을 이루기에는 많이 부족한 수치이고, 그마저도 남은 기한 동안에 이룰 수 있을지 의문이 든다. 이미 재생에너지 점유율이 80퍼센트가 넘은 나라들이 여럿 있으니 못하겠다고 불평만 할 게 아니라 목표를 정하고 다른 나라를 벤치마킹하여 부지런히 따라가야 할 것이다.

한편, 글로벌 기업들은 에너지 전환을 위해 앞장서고 있다. 아이들에게 글로벌 기업들의 로고가 나온 사진을 보여 주고 물었다.

"이 사진은 회사들의 로고를 모아 놓은 것인데, 여러분이 아는 기업도 있죠? 뭐가 있어요?"

"레고!"

출처: 한국RE100협의체

▪ RE100 가입 기업

"스타벅스!"

"구글이요!"

"이 기업들의 공통점이 뭘까요?"

"유명하다?"

"맞아요. 유명한 기업이 많아요. 그리고 모두 RE100에 참여한 기업들이에요. RE100이란 'Renewable Electricity 100%'의 약자로 기업에서 사용하는 전기에너지를 모두 재생에너지로 하겠다고 약속하는 캠페인이에요. 여기 참여한 기업이 300개가 넘는데, 우리가 잘 아는 애플, 구글, 마이크로소프트는 물론이고 레고, 스타벅스 같은 기업도 있어요. 이렇게 글로벌한 기업들도 재생에너지를 사용하여 탄소중립을 이루기 위해 노력하고 있어요. 그럼 다음 사진은 어느 기업의 건물일까요?"

"몰라요."

"바로 애플의 본사예요. 특이하게 생겼죠? 애플은 마치 도넛 같은 원형의 건물을 지으면서 옥상을 모두 태양광 패널로 덮었어요. 아마 건물 옥상에 설치된 태양광 패널 면적이 세계 최대일 거예요."

신재생에너지에 대한 대략적인 설명을 마치고 대표적인 신재생에너지인 태양에너지, 풍력에너지, 수소연료전지에 대한 설명을 이어갔다.

"태양광 발전은 태양전지를 이용해 태양에너지를 전기에너지로

▪ 애플 본사

바꾸는 방식이에요. 태양전지는 반도체를 이용해서 만드는데, 반도체가 빛을 받으면 전기가 발생해요. 풍력 발전은 바람의 에너지를 이용해서 전기를 생산하는데, 바람의 에너지로 날개를 회전시키면 전기가 발생해요."

중학교 1학년의 눈높이에 맞게 발전의 원리는 최대한 간단하게 설명하고 태양광과 풍력의 장점, 앞으로 해결해야 할 점을 다루었다. 그래도 이런 일이 벌어진다.

"수소연료전지는 수소가 산화되는 에너지를 전기에너지로 전환하는 장치예요. 다음 그림처럼 전지를 구성하고 수소와 산소를 공급해

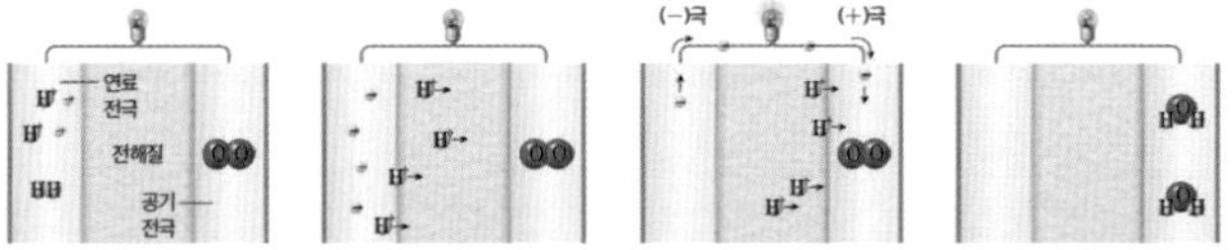

수소의 산화 | 수소 이온의 이동 | 전자의 이동 | 산소 환원과 물 생성

▪ 수소연료전지

주면 돼요."

내 설명이 끝나자 한 아이가 질문을 한다.

"산화가 뭐예요?"

"산화가 뭔지 알려면 과학 개념을 배워야 해요. 예를 들면 녹이 스는 것, 사과를 깎아 놓아두면 갈색으로 변하는 것, 양초가 타는 것 등이 산화예요. 다시 말해 물질이 산소와 결합하는 게 산화입니다. 물질이 산소와 떨어지거나 수소와 결합하는 것은 환원이라고 해요. 이 전지를 만드는 기본적인 원리가 산화와 환원이라는 건데 이건 여러분이 나중에 과학 시간에 배울 거예요. 어쨌든 수소와 산소로 전지를 형성하면 거기서 전자가 이동하면서 전류가 흐르게 돼요."

고등학교에서 수업할 때는 1학년 통합과학 교과서에 산화와 환원의 개념이 나오고 수소연료전지도 나와서 원리를 구체적으로 설명할 수 있었는데, 기본 개념을 모르는 중학생에게 설명하려니 쉽지 않다. 그래도 포기할 순 없다. 이어서 수소를 얻는 방법의 문제점을 설명하고, 그에 대한 대안으로 재생에너지가 남아돌 때 전기분해를 이용해 수소를 얻는 방법을 제시하고 이러한 방법으로 재생에너지의 간헐성 문제도 해결할 수 있다는 것까지 설명을 마쳤다.

1차시에서의 개념 설명에 이어 2차시에서는 키트를 이용해서 태양광 자동차를 만들었다. 만드는 방법은 간단하다.

1. 자동차 몸체를 조립하고 나서 기어 모터를 바퀴와 잘 맞물리게 붙인다.
2. 각도 조절판은 조립해서 몸체에 붙인다.
3. 태양전지판을 각도 조절판에 붙인다.

아이들은 각자 만든 자동차를 들고 운동장으로 나갔다. 마침 날이 흐려서 잘 작동하지 않을 줄 알았는데 구름 속의 태양이 나오면 자동차가 움직였다가 태양이 구름에 가려지면 움직이지 않았다. 아이들은 그 모습을 신기해하며 즉흥적으로 자동차 경주 시합을 하며 놀았다.

그다음으로는 수소연료전지 자동차 키트를 보여 주었다. 이건 가격도 비싸고 중학교 1학년이 이해하기에는 원리도 어려워서 시범 실험으로 진행했다.

먼저 물을 전기분해해서 수소와 산소를 모은다. 그다음 전극을 연

▪ 태양광 자동차

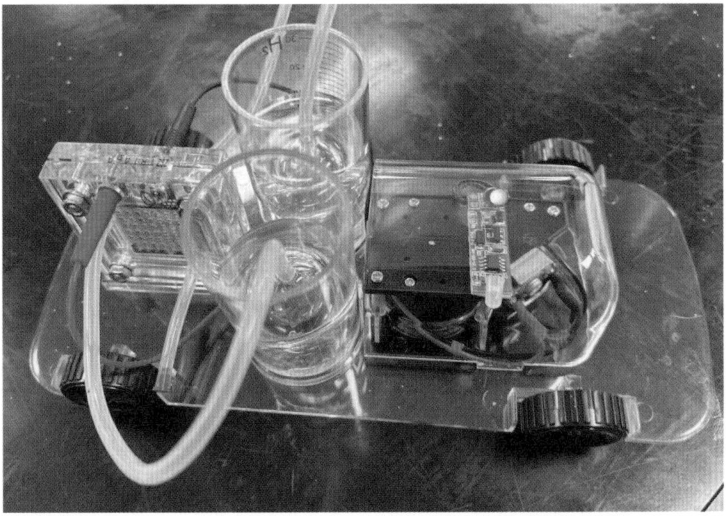

▪ 수소연료전지 자동차

결하면 전지를 이루면서 전기가 발생하여 자동차가 움직이게 된다. 아이들은 수소연료전지의 원리를 충분히 이해하지는 못했지만 작동하는 것을 보는 것만으로도 신기해했다.

이 정도로 체험을 마쳤다. 수업을 하면서 아쉬웠던 점은 신재생에너지 관련 실험이나 체험 키트가 다양하지 않다는 것이다. 아이들에게 더 심도 있는 탐구 주제를 주거나 미래를 위한 상상력을 자극하는 활동을 하고 싶은데 아직은 여러 가지 점에서 부족한 것 같다.

수업의 흐름(2시간 블록 수업)

화석연료와 에너지 전환 설명
신재생에너지 영상 보기
활동 1: 태양광 자동차 만들기
활동 2: 수소연료전지 자동차 체험하기

참고

- 〈3분 30초 만에 마스터하는 신재생에너지(풍력? 수력? 조력?)〉 https://www.youtube.com/watch?v=FFF_6Nz1pe0
- 『십 대가 꼭 알아야 할 탄소 중립 교과서』, 인포비주얼연구소, 더숲
- 『단번에 개념 잡는 기후변화』, 박영희·박지선·한문정, 다른
- 태양광 자동차 만들기(C형) 키트
- 수소연료전지 자동차 키트

14차시

학교 탄소 배출량 구하기, 탄소중립 방안 토론하기

지금까지 개인 삶의 영역과 사회의 영역에서 탄소 배출과 관련된 다양한 주제를 다루고 탄소중립 방안을 모색해 보았다. 이번 시간에는 드디어 우리 학교의 탄소 배출량을 직접 구해 보고 지금까지 배운 지식을 바탕으로 학교에서 실천할 수 있는 탄소중립 방안을 논의해 보려고 한다. 아이들에게 다음과 같이 설명하고 활동지를 나누어 주었다.

"학교에 불이 나면 어떻게 해야 할까요? 불이 난 이유를 찾고 불을 끌 가장 좋은 방법을 생각한 다음 불을 꺼야겠죠? 그런데 불이 어디서, 어떻게 났는지 모르니까 아무것도 하지 않거나, 그냥 불길이 보이는 곳마다 마구 물을 뿌리면 어떻게 될까요? 아무런 도움이 되지 않겠죠? 마찬가지로 우리 학교에서 우리의 실천으로 탄소중립을 이루려면 이산화탄소를 어디에서 얼마나 배출하는지를 파악해야 해요. 구체적인 데이터가 있어야 그 숫자를 0으로 만들 해결책도 찾을 수 있어요. 오늘은 먼저 우리 학교의 탄소 배출량을 계산하는 활동을 해 보도록 해요.”

이후 수업은 다음과 같이 이루어졌다.

1. 학교에서 지난 1년간 사용한 전기, 가스, 수도, A4 용지와 학교 급식에서 사용한 소고기, 돼지고기, 닭고기, 두부의 양을 알려 준다.
2. 항목별 배출 계수를 구하는 방법을 설명하고 배출 계수를 알려 준다.
3. 각 항목의 데이터값에 배출 계수를 곱하여 이산화탄소 배출량을 계산한다.
4. 각 항목의 배출량을 합하여 우리 학교의 총 배출량을 구한다.
5. 학교 구성원 수로 나누어 일인당 배출량을 구한다.
6. 다른 학교 자료와 비교하여 우리 학교 배출량의 특징을 적고 각 항목별로 50퍼센트를 감축할 수 있는 방안을 토의하고 발표한다.

수업을 위해서는 교사의 준비가 필요하다. 지난 1년간 학교에서 대표적인 탄소 배출원인 전기, 가스, 수도, 종이를 얼마나 사용했는지를 조사해야 한다. 또한 학교 급식에 소고기, 돼지고기, 닭고기, 두부를 얼마나 넣었는지도 파악해야 한다. 급식 재료에서는 모든 식재료를 조사하는 것은 너무 복잡하므로 대표적으로 탄소를 배출하는 육류의 양을 조사했고 비교를 위해서 두부를 넣었다. 전기, 가스, 수도, A4 용지 사용량은 행정실에 문의했고, 식재료의 양은 영양사 선생님에게 물었다. 항목별 이산화탄소 배출 계수는 환경부의 공식 자료를 이용하거나 알려진 사이트에서 공신력 있는 데이터를 가져왔다.

탄소 배출량을 구한 후 우리 학교의 특징을 알아보기 위해서는 다른 학교와의 비교 자료가 필요하다. '신나는 과학을 만드는 사람들' 연구 모임에서 이 활동을 발표하면서 여러 학교의 자료를 모았는데, 그중 서울의 8개 중학교의 자료를 바탕으로 그래프를 만들었다.

아이들은 크롬북의 계산기를 이용하여 항목별 배출량과 일인당 배출량을 구한 후 다른 학교와 비교해 보았다.

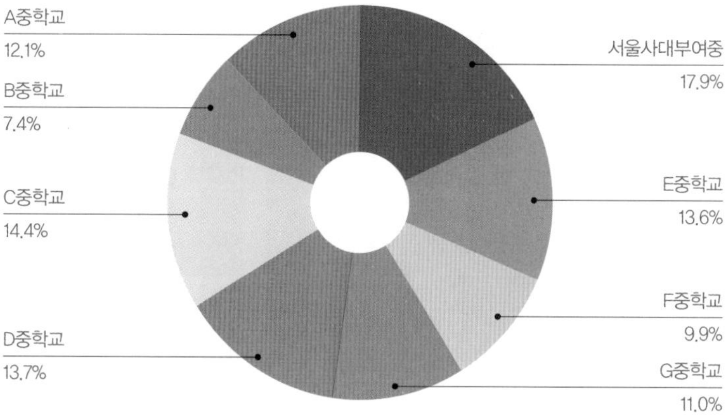

▪ 학교별 일인당 탄소 배출량

그 결과 먼저 우리 학교는 일인당 탄소 배출량이 8개 학교 중 가장 많았다. 크게 차이가 나는 것은 아니었지만 우리 학교는 17.9퍼센트로 1위였고 2위는 14.4퍼센트, 3위는 13.7퍼센트였다.

두 번째로 항목별 그래프를 함께 분석해 보았다. 우리 학교를 비롯한 학교들 모두에서 전기에서 가장 많은 탄소가 배출되었다. 모든 학교에서 전기의 탄소 배출량이 50퍼센트 이상이었는데, 그중에서도 우리 학교는 75퍼센트를 넘어서 8개 학교 중에서 가장 높았다. 아마도 전교생이 크롬북을 사용하고 개인별 충전함이 있어 학교에서 크롬북을 충전하는데 그 영향이 큰 것 같다. 상대적으로 종이의 탄소

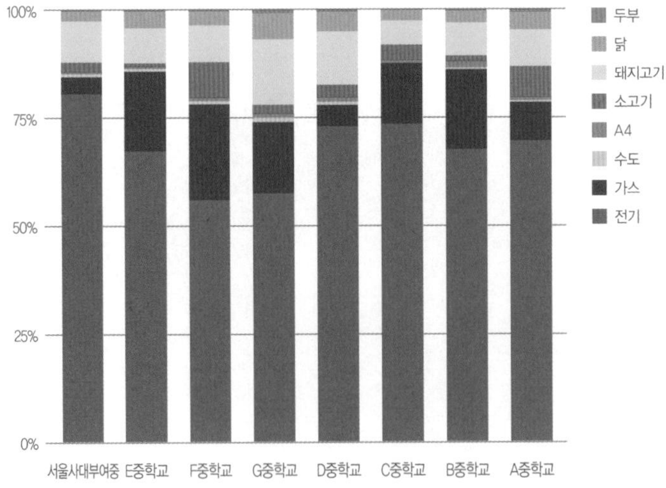

▪ 학교별 항목 비중

배출량이 적었는데, 종이 유인물을 나누어 주는 대신 파일을 공유하는 방식을 택했기 때문으로 보인다.

세 번째로 각 항목별로 탄소 배출량을 50퍼센트가량 절감할 수 있는 방안을 적어 보도록 했다.

"절감 방안은 크게 세 가지를 생각할 수 있을 거예요. 에너지 소비를 줄일 수 있을까? 생활 습관을 바꿀 수 있을까? 재생에너지 생산을 늘릴 수 있을까? 이 세 가지 관점으로 각 분야에서 절감 방안을 생각해서 활동지에 적어 보세요."

2인 1조로 토의할 시간을 주고 발표하게 했다.

▪ 토의 모습

“아무도 없을 때는 난방이나 에어컨을 켜지 않습니다. 엄청 더운 날이나 추운 날 빼고는 최대한 켜지 않고요. 대신 선풍기, 핫팩이나 담요로 더위나 추위를 피합니다. 그리고 크롬북 배터리가 10퍼센트 이하일 때만 충전합니다. 배터리가 100퍼센트일 때 충전하면 그만큼 전기료가 나오기 때문에 최대한 조금 남았을 때 충전을 하는 것이죠. 불 사용이 적은 음식으로 가스 사용을 줄이고, 손에 비누칠을 할 때는 물을 잠그고, 양치질을 할 때 역시 컵을 사용해서 물을 적게 쓰도록 합니다. 종이는 이면지 사용을 늘리고 분리 배출을 잘 하고요. 급식에서는 고기는 되도록 콩고기로 바꿔 먹고 그린 급식을 늘려서 고기를 적게 먹습니다. 그리고 잔반을 남기지 않도록 합니다.”

“학교에 태양광을 설치합니다. 크롬북은 집에서 충전해 오고, 냉난방은 적정 수준에서 합니다. 사용하지 않는 전기 플러그는 뽑고 나무를 심도록 합니다. 비누칠을 할 때는 수도꼭지를 잠그고 변기에는 절수기를 설치합니다. 종이는 최대한 인쇄를 줄이고 인쇄할 때는 이면지를 사용합니다. 그린 급식을 늘리고 식물성 단백질을 섭취하도록 합니다.”

“전기에서는 방과 후 냉난방을 잘 끄고, 복도 조명을 한두 개 정도 줄이면 좋겠습니다. 가스를 줄이는 방법으로는 급식에서 생식을 늘리고요. 수도는 변기 물 빠지는 곳에 벽돌을 넣어 내려가는 물을 줄입니다. 2단 양변기를 설치해서 수도 사용을 줄이고 양치할 때는 컵을 사용합니다. 교직원 화장실을 없애도록 합니다. 그리고 두부 요리를 늘리도록 합니다."

듣다 보니 이상한 것이 있어 질문을 했다.

"교직원 화장실을 없애는 것은 어떤 효과가 있을까?"

"교직원은 사실 학생이랑 화장실을 같이 써도 상관없을 것 같습니다. 화장실이 두 개씩 있으면 물 낭비도 되고요. 그러니 교직원용 화장실을 없애서 물 낭비를 좀 더 줄여 보면 좋을 것 같아요."

"음…… 그렇구나. 그리고 생식이나 두부 요리를 늘리는 것을 아이들이 좋아할까?"

"요리 방법에 따라 다르다고 생각합니다. 생식만 하자는 게 아니라 생식을 늘려 보자는 것이고, 두부도 지금은 사용량이 적으니까 더 늘릴 수 있다고 생각합니다."

교직원 화장실은 아이들에게 교사의 특권으로 여겨지나 싶어 더 말하려다 참았다.

"여러분이 에너지 소비를 줄일 수 있는 방법을 자세하게 제시해 줬는데요. 아까 우리가 항목별 배출량을 숫자로 구한 것처럼 감축 방법별로 감축량을 숫자로 구해 볼 수 있으면 좋겠죠? 그런데 그런 구체적인 자료는 없어요. 선생님이 찾은 자료에 몇 가지 실천 규칙에 대해 감축 효과를 숫자로 나타낸 게 있었어요. 예를 들면 '난방 온도는 2도를 낮추고 냉방 온도는 2도를 높인다'는 게 있어요. 학교에서 이것을 하자고 하면 학생들이 따를까요?"

"아니요. 안 할 것 같아요."

아이들이 입을 모아 말했다.

"그렇구나. 그런데 지금보다 약간 춥거나 덥게 2도씩 양보하면 학교 하나당 1년 동안 4.4톤, 즉 4400킬로그램을 줄일 수 있대요. 아까 여러분이 구한 우리 학교의 총량이 얼마였죠?"

"33만 킬로그램이요."

"33만에서 4400을 줄이면 약 1.3퍼센트 정도네요. 이 정도 효과라면 여러분은 실천하겠어요, 아니면 안 하겠어요?"

"그 정도면 해야죠. 추우면 좀 더 입으면 돼요."

"다음 항목은 '전자기기 대기 전력을 차단한다'예요. 이건 전기를 쓰지 않을 때 플러그를 뽑아 놓는 것을 말해요. 누군가가 여러분에게 플러그를 뽑으면 1년에 700킬로그램을 줄일 수 있다고 하면 하겠어요?"

"안 해요."

"하면 좋지만 크게 효과가 있진 않죠. 그럼 이건 어때요? 우리는 앞에서 등하교 시 대중교통을 이용했을 때와 자동차로 다닐 때 탄소 배출량이 차이가 나는 걸 확인했어요. 그리고 도보로 등하교를 하면 14400킬로그램을 줄일 수 있어요. 즉, 도보는 탄소 배출량을 많이 줄일 수 있고, 대중교통은 그보다는 적게 줄일 수 있어요. 그러니까

실천 규칙	감축원 단위 (연간)	학교 참여 효과	
		학교 1개소	전체 학교의 10%
난방 온도는 2℃를 낮추고 냉방 온도는 2℃를 높인다.	3.5kg/m²	4.4t	5,152t
전자기기 대기 전력을 차단한다.	7.14kg/대	0.7t	820t
음식은 먹을 만큼만 담는다.	4.3kg/인	2.1t	2,459t
저탄소 식단을 운영한다.	1.38kg/인	0.7t	820t
등하교 시 대중교통 및 도보를 이용한다.(도보)	31.5kg/인	14.4t	16,862t
등하교 시 대중교통 및 도보를 이용한다.(대중교통)	285.4kg/대	6.0t	7,026t
교직원 출퇴근 시 친환경 운전을 한다.	100.7kg/대	2.2t	2,576t
재활용을 위한 분리배출을 실천한다.	88.0kg/인	43.9t	51,407t
종이 타월, 핸드 드라이어 대신 개인 손수건을 사용한다.	26.0kg/인	13.0t	15,223t
다회용 컵을 사용한다.	3.5kg/인	1.7t	1,991t
인쇄 시 종이 사용을 줄인다.	0.005264kg/장	1.4t	1,639t

출처: 환경부

▪ 「탄소중립 생활 실천 안내서」의 감축 효과

정말 많이 줄이려면 걸어 다녀야 해요. 걸어 다닐 수 있겠어요?"

"네."

"그런데 여기 있는 것을 다 실천한다고 해도 1/10밖에 줄일 수 없어요. 그렇다면 근본적으로 무엇을 바꾸어야 할까요? 가장 중요한 게 전기인데, 거기서 줄이지 않으면 소용이 없어요. 토론에서 대부분 전기를 아껴 쓰는 방법을 말했는데 한 조가 유일하게 태양광을 설치하자고 했어요. 사실은 거기서 큰 차이가 날 것 같아요."

"그렇죠."

"결국 근본적으로는 재생에너지로 전기를 생산하지 않으면 안 되겠죠? 현재 학교에서 태양광을 설치하기 어렵다면 새로 학교를 짓는다고 가정해 봅시다. 그럼 어떻게 짓는 게 좋겠어요? 여러분이 앞에서 구상해 본 것처럼 에너지 제로 학교를 지으면 됩니다. 단열이 잘 되는 패시브 건물을 짓고 줄어든 에너지는 재생에너지로 충당하면 탄소 배출량을 확 줄일 수 있어요. 그러면 나머지는 소소한 실천으로도 탄소중립을 이룰 수 있어요."

이렇게 하나씩 실천 규칙과 감축 효과를 살펴보면서 대안을 제시하고 관련 영상을 보는 것으로 활동을 마무리했다.

사실 실천 규칙별로 감축 효과를 수치로 제시하고 있어 구체적이지만 빠진 것이 많고 정밀하게 계산을 할 수가 없어 이것만으로는 탄소 감축량을 구하는 활동을 더 심도 있게 할 수 없었다. 앞으로 교육부나 교육청에서 학교별 배출량을 구할 수 있는 플랫폼을 구축하여 학교별 자료를 모으고 감축 노력에 따라 감축량을 계산할 수 있게 해 주면 좋겠다. 그리고 해마다 자료를 업데이트하여 학교의 변화를 구체적으로 알 수 있게 했으면 한다. 교육부에서 시범 연구한 보고서를 읽어 보았지만 여러 가지로 아쉬움이 있었다. 학교의 탄소중립은 상징적 의미와 교육적 의미가 매우 커서 가시화된 성과가 중요하다고 생각한다. 데이터에 기반한 학교의 탄소중립 실천이 하루빨리 이루어지기를 희망한다.

오늘의 활동은 여기까지. 이번 수업은 내가 있는 자리에서 어디서부터 어떻게 탄소 배출량을 줄여야 하는지를 구체적으로 파악할 수 있었다는 점에서 의미가 있다고 생각한다. 영리한 아이들은 지금의 시스템으로는 탄소 배출량을 줄이기가 쉽지 않다는 것을 충분히 깨달았을 것이다.

<학교 탄소 배출량 계산하기>

□ **학교구성원수(학생+교직원): 447**

□ **사용기간 : 2021학년도(2021. 3. 1. ~ 2022. 2. 28.)**

<온실가스 배출현황 및 절감방안>

사용량 X 배출계수

내 역		사용량	배출계수	온실가스배출량 ($kgCO_2eq$)	50% 절감방안
전 기(kWh)		645120	0.42	270950	사람이 없을 경우 불&히터(에어컨)끄기, (크롬북 배터리) 50% 이하일 때만 충전, 핫팩, 담요 사용
가 스(㎥)		6419	2.23	14314	불 사용이 적은 음식 만들기
수 도(㎥)		7253	0.33	2393	비누칠할 땐 물 잠그기, 양치를 할 경우 양치컵 사용
A4 복사지(박스)		55	12	660	이면지를 사용한다, (종이) 재활용 잘 분리하기
급식	소 고 기(kg)	289	27	7803	고기는 콩을 사용해 콩고기로 만듬 그린급식 횟수 늘리기 잔반 남기지 않기
	돼지고기(kg)	2668	12.1	32283	
	닭 고 기(kg)	1344	6.9	9274	
	두 부(kg)	265.6	2	531	
합계				338208	
1인당 배출량				757	

총 배출량 ÷ 구성원 수

* **우리 학교의 배출 특징:** 서울 시내 중학교 중 1등. 전기 사용량이 가장 높음 ㅠㅠ

▪ 활동지 예시

수업의 흐름(2시간 블록 수업)

활동 1: 우리 학교 탄소 배출량 계산하기

활동 2: 우리 학교의 특징을 분석하고 항목별 감축 방안 제안하기 & 발표하기

감축 방안별 감축 효과 살펴보기

영상으로 마무리

참조

이 수업은 로컬에너지랩 신근정 대표님과의 워크숍에서 배운 것을 수업에 적용한 것이다. 신과람 선생님들과 다시 워크숍을 진행하면서 학교별 데이터를 얻었다.

참고

- 환경부 2021년 승인 국가 온실가스 배출·흡수 계수
- 탄소 발자국 계산기: https://www.kcen.kr/tanso/intro.green
- 《한겨레》, '애니멀 피플', 2018.10.15
  http://m.hani.co.kr/arti/animalpeople/farm_animal/865860.html#cb
- 〈학교에서 실천하는 탄소중립 안내〉
  https://www.youtube.com/watch?v= pRxxGTL6_-4
- 환경부, 「탄소중립 생활 실천 안내서」(학교편)

15차시
새활용 제품 만들기

다음 주엔 어떤 수업을 해야 할지 한주 한주 고민하다 보니 어느덧 한 학기가 훌쩍 지나고 마지막 시간이 되었다.

탄소 배출량을 줄이는 방법 중 하나는 자원을 재순환하고 재활용과 새활용을 하는 것이다. 그래서 마지막 수업은 새활용을 주제로 잡았다.

"먼저 새활용이 무엇인지부터 알아볼까요? 일단 새활용이라는 단어가 낯설죠. 우리가 잘 아는 재활용과 새활용은 어떻게 다를까요?"

"새활용은 업사이클링이에요."

"네, 맞아요. 영어로 하면 새활용은 업사이클링upcycling이고 재활용은 리사이클링recycling이에요. 예를 들면 페트병을 모아 분리수거해서 다시 페트병을 만들면 재활용이에요. 그러나 페트병을 그대로 활용하는 것이 아니라 거기에 다른 요소를 더해서 뭔가 새로운 가치를 만들어 내면 새활용이라고 해요. 그럼 어떤 요소가 들어가면 새로운 가치를 만들어 낼 수 있을까요?"

"디자인?"

"맞아요. 가장 흔한 방법은 디자인적인 요소를 넣는 거예요. 예를 들면 뭐가 있을까요?"

"버려지는 옷을 고쳐서 베개 커버나 식탁보를 만들어요."

"맞아요. 여러분이 가정 시간에 옷을 리폼해 봤다고 했죠? 그런 게 새활용이 될 수 있어요. 아니면 버리는 의류로 가방이나 쿠션을 만들 수도 있어요. 이렇게 버려지는 물건으로 예쁘고 멋진 제품을 만드는 것을 새활용이라고 해요. 그럼 디자인적인 요소 말고 또 어떤 요소를 더할 수 있을까요?"

"……."

"어떤 사람들은 페트병을 수거해서 그걸로 섬유를 만들어서 가방이나 신발을 만들기도 해요. 페트병으로 가방이나 신발을 만들기 위해서 어떤 요소를 첨가했을까요?"

"기술?"

"맞아요. 과학기술을 넣었어요. 페트병 원료에 섬유를 만드는 기술이 더해지면서 새로운 제품이 탄생했어요. 새활용 초기에는 디자인을 더하는 제품이 많이 나왔는데 지금은 과학기술을 더해서 가치를 새롭게 만드는 제품이 많이 나오고 있어요. 그런데 우리가 지금까지 공부하면서 계속 나온 이야기지만 물건을 쉽게 사고 쉽게 버리면서 환경을 지킬 수 있는 방법은 없어요. 그래서 자원의 순환에서도 우리가 생각해야 할 제일 중요한 점은 소비의 방법이에요. 고민해서 좋은 물건을 사고 일단 산 물건은 오래오래 사용하는 것이 중요해요. 오늘 우리가 바다유리 목걸이와 아이스팩 방향제를 만들 건데, 애써 만들어서 맘에 안 든다고 버리면 활동의 의미가 없어요."

"네."

"플라스틱도 화석연료인 석유로 만들기 때문에 탄소 배출을 줄이기 위해서는 플라스틱을 되도록 쓰지 않는 것이 우선이고, 사용한 플라스틱은 재활용이나 새활용을 하는 것이 중요해요."

이런 이야기를 나누고 새활용 제품의 예를 보여 주었다. 폐기된 패러글라이더나 텐트로 만든 가방, 퇴역한 항공기의 동체로 만든 네임

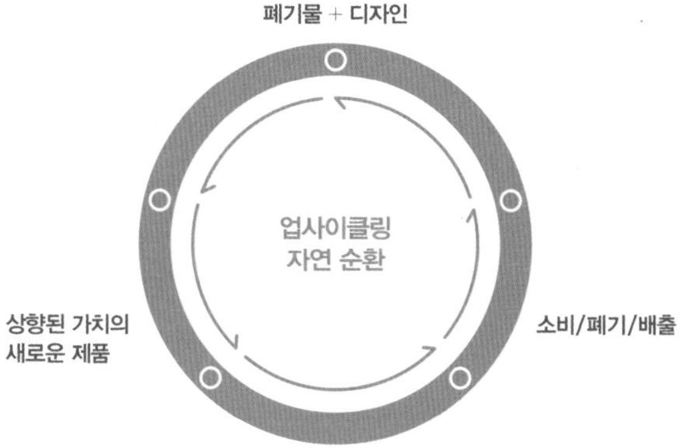

▪ 새활용(업사이클링)

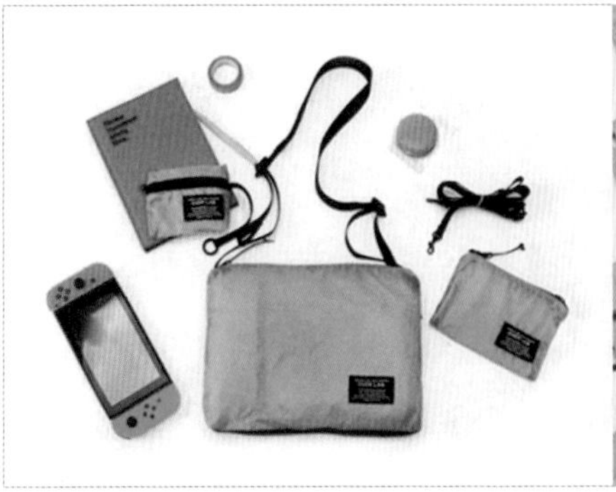

▪ 패러글라이더, 텐트 등을 새활용한 오버랩의 샤코슈백

▪ 퇴역 항공기로 만든 네임 태그

태그, 수거된 껌으로 만든 신발, 커피 찌꺼기로 만든 벽돌 등이다.

또 실제로 내가 구입하여 사용하고 있는 새활용 제품도 소개해 주었다. 아름다운가게의 새활용 브랜드인 '에코파티메아리'에서 청바지를 리폼하여 만든 가방과 페트병을 새활용하여 만든 친환경 신발인 라르의 운동화다. 가방은 새활용플라자를 방문했을 때 구입했고 신발은 기사를 보고 검색해서 샀다. 가방은 실제로 별로 활용하지 않았으나 신발은 엄청 열심히 신고 다녔다. 신발 끈과 안감은 페트병으로, 겉은 자투리 천연고무로, 바닥은 코르크나무를 재활용한 신발인데 이쁘고 가격도 적당하다.

'페트병으로, 코르크로 본분을 다하며 세상을 떠돌다 나에게 온 너, 이제 나의 부산한 삶을 함께 걸어 보자'고 다짐했는데, 수업용 자료로도 효과가 좋았다. 그런데 아이들에게 새활용 제품의 가격을 맞혀 보라고 했을 때, 실제보다 낮게 말하는 경우가 많았다. 아이들의 생각과는 달리 새활용 제품은 자원을 수거하고 세탁하는 것에서부터 제품을 만드는 데 이르기까지 사람의 손길이 많이 들어가고 새로운 가치를 만들기 위한 창의성과 노력이 필요한 부분이라 결코 가격이 싸지 않다는 것을 이야기해 주었다.

2차시에는 본격적으로 새활용 제품 만들기 활동을 했다. 바다유리 목걸이와 아이스팩 방향제 만들기가 그것이다.

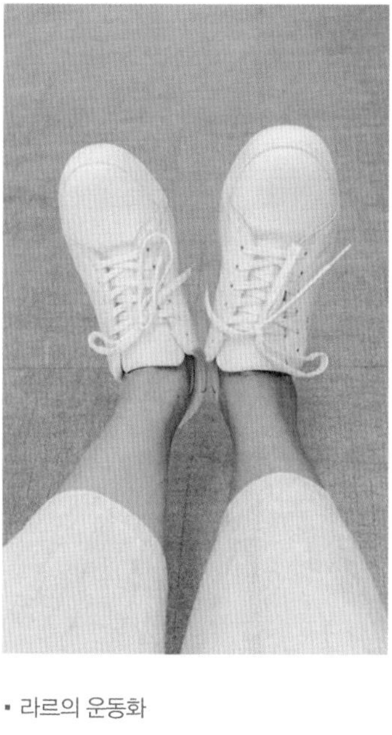

▪ 라르의 운동화

바다유리는 우리가 버린 유리 조각이 오랜 세월 바다에 의해 마모되다가 다시 해안가로 돌아온 바다의 돌이다. 바다에 의해 순환된 자원이라고 할 수 있다. 이것을 주워 닦아서 액세서리로 만드는 것이다.

바다유리가 무엇인지, 바다유리로 어떻게 목걸이를 만드는지를 영상(https://www.youtube.com/watch?v=HF_S7qSBLXI)으로 보여주었다. 그런 다음 아이들로 하여금 영상을 반복해서 보면서 한 스텝 한 스텝 따라 하도록 했다.

바다유리 목걸이를 만드는 방법은 다음과 같다.

1. 철사를 20~30센티미터로 자른다.
2. 자른 철사를 반으로 접은 뒤 고리를 만들고 꼬아 준다.
3. 철사의 고리 부분에 바다유리를 대고 철사로 감아 준다.
4. 둥근 고리에 목걸이 끈을 연결하고 끝부분을 묶어 준다.

만드는 법이 쉽고 참조할 영상이 많아서 대부분의 아이들이 금방 만들었다. 완성한 목걸이는 사진을 찍어 패들렛에 올리도록 했다.

아이들은 어떻게 하면 사진을 예쁘게 찍을까 고민하면서 햇빛이 드는 창가에서 반짝이는 목걸이를 들고 구도를 잡거나, 소품이나 모델을 활용하여 사진을 찍었다. 사실 사진 찍기 과제는 모든 활동을 포트폴리오로 정리하기 위한 목적도 있지만, 내가 직접 만든 목걸이와 정이 들도록 하기 위한 것이기도 했다. 어린 왕자가 장미를 길들이듯이, 나만의 목걸이가 소중해지기 위해서는 내가 만든 목걸이가 얼마나 예쁜지 관찰하고 정이 들 시간이 필요하니까. 부디 아이들이 만든 목걸이가 오래 사랑받아 바다가 품어 준 바다의 보석이 더욱 반짝이기를 마음으로 빌었다.

소중한 것을 담고 세상으로 나갔다.

그 소중한 것을 나누며 세상에서 쓰인 후 나는 버려졌다.

깨지고 망가진 나를 바다가 품어 주었다.

뾰족해진 마음을 보듬어 둥글게 만들고

더러움을 씻어 내 반짝반짝 윤이 나게 해 주었다.

그리고 나를 다시 세상으로 보내 주었다.

이제 나는 바다가 연마한 보석이다.

다시 세상에서 아름답게 쓰이리라.

▪ 아이들이 만든 바다유리 목걸이

다음으로 아이스팩 방향제를 만들었다.

아이스팩에는 젤 형태의 고흡습성 수지가 들어 있는데, 이것은 플라스틱의 일종으로 재활용이 되지 않는다. 내용물을 꺼내서 개수대에 버렸다가는 물을 흡수하여 부피가 몇 배로 커져서 개수구를 막는 사태가 벌어질 것이다. 그래서 고흡습성 수지와 버려지는 플라스틱 일회용 컵을 재활용하여 방향제를 만드는 활동을 해 보았다. 키트는 발달장애인들의 일터인 '발그래'의 제품을 활용했고, 아이스팩과 플라스틱 컵은 각자 가져오도록 했는데, 그중 아이스팩은 3학년 과학 시간에 만든 것이 있어 그것을 일부 이용했다.

아이스팩 방향제를 만드는 방법은 다음과 같다.

1. 플라스틱 컵에 아이스팩의 투명 젤을 1/3 정도 담고 색소를 탄다.
2. 종이컵에 젤을 1/3 정도 담고 1과 다른 색소를 탄 다음 플라스틱 컵에 붓는다.
3. 나머지 1/3은 투명 젤을 다시 넣어서 전체적으로 색이 그라데이션을 이루도록 한다.
4. 3에 향을 넣어 향기가 천천히 퍼지도록 한다.
5. 컵을 한지로 덮고 끈으로 묶어 고정한다.

아이들 각자의 취향에 따라 색과 향을 고르게 했다. 아이들 사이를 지나다 보니 이런 대화가 들려온다. 아마도 피치 향과 보라색을 고르는 중이었나 보다.

"피치는 '피치' 못할 사정이 있어서 그런 거야."

"그럼 보라는?"

내가 얼른 끼어들었다.

"너 좀 잘해 '보라'고 그런 거야."

"헐……."

"그래도 샘이 너보다 낫다."

"호호호."

나의 농담에 아이들이 웃어 주었다.

아이들은 자신의 취향대로 방향제를 완성했다. 모양도 예쁘고 향도 진해서 좋다.

그렇게 두 가지의 새활용 제품을 부지런히 만들고 수업을 마쳤다. 원래는 마지막에 학교에서 실천할 수 있는 정책을 제안하는 활동을 하려고 했는데 시간이 부족해서 하지 못했다. 내년에는 시간을 내서 시도해 봐야지.

효진이는 다음과 같은 한 학기의 수업 소감을 남겼다.

이 주제선택 수업을 들으면서 환경에 더욱 관심을 갖게 되었다. 전에 배웠던 환경이나 생태 수업은 무조건 '쓰레기를 줄이자'라고 했지, 어떻게 해야

❶ 투명 젤 넣고 색소 타기 ❷ 향 넣기 ❸ 한지로 덮고 고정하기 ❹ 완성

▪ 아이스팩 방향제 만드는 과정

쓰레기를 줄일 수 있는지, 개인의 노력이 얼마나 효과가 있는지 등은 설명해 주지 않았다. 하지만 기후위기와 탄소중립 수업에선 탄소중립을 위한 나라의 노력, 지역의 노력, 개인의 노력 등 다양한 해결 방안을 제시했고 덕분에 이 주제에 대해 흥미와 관심을 갖게 되었다. 특히 마지막 수업인 바다유리 목걸이, 아이스팩 방향제 만들기가 제일 재밌었다!

한 학기의 활동이 아이들의 인식과 행동을 얼마나 바꿀 수 있을지 모르겠으나 씨앗을 심은 것으로 만족한다. 씨앗이 어떤 땅에 뿌리를 내려 어떤 꽃을 피울지, 아이들의 미래가 알려 주겠지. 그래도 그들이 희망이다. 기후위기의 현실이 주는 절망에서 우울의 우물에 빠지지 않고 푸른 하늘을 향해 나아갈 수 있는 희망이 아이들에게 있다.

수업의 흐름(2시간 블록 수업)

새활용 살펴보기

활동 1: 바다유리 목걸이 만들기

활동 2: 아이스팩 방향제 만들기

소감 나누기

참고

- 〈요즘 바닷가에서 사람들이 줍줍하는 이것〉
  https://www.youtube.com/watch?v=HF_S7qSBLXI
- 〈바다유리 목걸이 만들기〉
  https://www.youtube.com/watch?v=gU51nEL5KRg

번외편

기후위기와 탄소중립 관련 보드게임하기

중학교 3학년 수업에서는 마지막 단원인 '과학기술과 인류문명'을 나가면서 에너지 전환의 관점에서 과학기술과 사회의 변화를 살펴보았다. 그리고 기후위기를 맞아 새로운 전환이 필요한 시점에서 사회의 각 부분에서 어떠한 변화가 필요한지 구체적으로 살펴보았다. 중학교 3학년이면 어느 정도 과학적 소양을 갖추고 있어 그 정도의 이론적 접근이 가능하다고 생각했다.

그리고 기말고사가 끝나고 학기 말까지 남은 시간을 이용해서 기후위기 관련 보드게임을 했다. 중학교 생활의 마지막, 다소 어수선한 시기여서 의미는 있지만 재밌고 가벼운 활동으로 마무리를 하고 싶었다. 4주 동안 네 가지의 기후위기 관련 보드게임을 했다. 각각의 보드게임과 하는 방법을 간단하게 소개한다.

1. '플라스틱 플래닛'

"쓰레기 괴물이 아름다운 섬에 침입해서 쓰레기를 계속 버려요. 나일론 줄에 묶인 바다거북, 그물에 걸린 벨루가 등 동물들이 고통받고 있어요. 여러분이 쓰레기를 치워서 이 동물들을 구해야 해요."

나는 이렇게 도입을 하고 영상으로 게임의 규칙을 보여 주었다. 게임 방법을 간단하게 정리하면 다음과 같다.

먼저 주사위 4개를 던져서 쓰레기 괴물을 이동시키고, 차례로 돌아가면서 카드를 내고 쓰레기 토큰을 가져온다. 쓰레기 토큰이 모이면 동물 카드에 적힌 만큼 쓰레기 토큰을 지불하고 동물을 구출할 수 있다. 나중에 내가 구한 동물 카드에 적힌 점수를 더하여 가장 큰 점수를 얻은 플레이어가 승리한다.

규칙이 아주 복잡하지는 않지만 소소한 규칙을 익히는 데 시간이 다소 걸렸다. 디자인이 아름답고 게임의 완성도가 높아서인지 아이들의 호응도는 그런대로 좋았다.

아이들이 게임을 하는 동안, 조마다 돌아다니며 앱을 실행시켜 AR 영상을 보여 주었는데, 쓰레기 괴물이 돌아다니며 쓰레기를 토해 내는 모습이 허공에 입체적으로 펼쳐져서 신기하다는 반응이었다. 그런데 쓰레기를 치우고 동물들을 구출한다는 콘셉트는 우리가 했던 기후위기 수업과 크게 연관은 없다.

이 게임은 연령 제한이 크게 없어 일반적인 환경 교육용으로 좋을

▪ '플라스틱 플래닛' 보드게임

것 같다.

2. '리커버리'

"기후위기로 빙하는 소멸되었고 지구의 많은 도시들이 바닷속으로 가라앉았어요. 많은 생물들이 멸종 위기에 처해 있어요. 여러분은 미래에서 온 그린 히어로예요. 정령의 도움과 기후위기 비상행동 실천으로 지구를 회복시켜야 해요."

영상으로 게임 방법을 익히고 지구타일, 정령카드, 행동카드를 규칙대로 배치한 후 게임을 시작했다. 자기 차례가 오면 기후행동카드를 2장 사용하게 되는데, 이 게임의 교육적 효과는 바로 이 기후행동카드에 있다. 기후행동카드마다 두 가지의 행동이 적혀 있다. 예를 들면 '양치할 때는 양치 컵을 사용해'와 '양치할 때는 편하게 물을 틀어 놓고 해'의 두 가지가 말풍선 그림으로 표현되어 있는데, 아이들은 그중에 옳다고 생각하는 행동을 큰 소리로 말하고 카드를 내려놓아야 한다. 만약 잘못 외칠 경우 다른 플레이어가 그 카드를 빼앗아 갈 수 있다. 이렇게 내려놓은 카드를 모아 지구타일을 가져오고 지구를 완성하는 것이다.

빈 말풍선 카드도 있는데, 그 경우 내가 실천할 수 있는 행동을 생각해서 말하면 된다.

"나는 일회용 컵을 쓰지 않고 텀블러를 사용해."

"급식을 먹을 때 잔반을 남기지 않아."

"화장품은 가능한 리필 제품을 구매해."

카드에 적힌 예시가 그리 어렵지 않아 아이들은 쉽게 올바른 행동을 고르고 자신이 할 수 있는 행동을 제시했다.

"'사과 껍질을 음식물 쓰레기봉투에 버렸어'랑 '양파 껍질을 음식물 쓰레기봉투에 버렸어' 중 어떤 게 맞지? 이건 좀 헷갈리는데? 둘 다 맞는 것 같은데……."

▪ '리커버리' 기후행동카드

이런 예시는 풀기가 쉽지 않은지 고민하는 소리가 들린다.

'리커버리'는 생활 속에서 실천할 수 있는 행동들을 외치며 되새기는 효과가 있어 수업과 연계하기 좋은 교육적인 게임이다.

3. '플레이 넷제로'

"이번 시간에는 본격적으로 탄소중립을 이루는 게임을 해 볼 거예요. 먼저 탄소 배출 카드를 뽑아서 탄소 배출량을 정해요. 숫자가 큰 사람은 탄소 배출량이 많은 나라가 되고 숫자가 작은 사람은 탄소 배출량이 상대적으로 적은 나라가 돼요. 여러분이 정부를 대신해서 탄소 배출량을 줄이고 탄소중립을 이루기 위해 구체적인 노력을 해야 합니다."

아이들은 게임 설명 영상을 본 후 게임을 시작했다. 액션카드와 행동카드를 하나씩 뽑아서 모은다. 각 카드마다 탄소 배출을 줄이거나 늘리는 점수가 적혀 있어서 게임을 통해 탄소 배출을 절감할 방법을 익힐 수 있다. 예를 들면 에너지 절약 카드는 −5점인데, 이 카드를 얻으려면 에너지 절약 방법을 한 가지 말해야 한다. 소형 풍력 발전소는 −1점, 미니 태양광 발전소는 −2점, 소수력 발전소는 −1점을 얻을 수 있어 재생에너지를 통해 배출량을 감소시킬 수 있다. 반면에 발전소 카드 중 석탄 화력 발전소는 +10점, 핵발전소도 +10점이어서 오히려 배출량을 증가시킨다.

그런가 하면 기후위기로 인한 재난 카드가 섞여 있어 예고 없이 탄소 배출량을 증가시키기도 하고 재생에너지 외에 할 수 있는 실천에 따라 탄소 배출량을 줄일 수도 있다. 예를 들면 이런 카드가 있다.

기업의 RE100 적극 참여 −2

야생동물 서식지 복원 −4

해양 생태계 보호 −4

기후위기로 인한 산불 피해 +6

▪ '플레이 넷제로' 보드게임

이 게임은 탄소 배출과 탄소 저감을 직접적으로 익히기 쉽다는 장점이 있고 게임의 규칙도 크게 어렵지 않아 아이들이 좋아했다.

4. '에코빌리지'

"기후위기로 인해 환경 문제가 심각해지면서 대안을 찾는 도시들이 늘어나고 있어요. 이 게임은 여러분이 스스로 기후위기를 극복할 에코빌리지를 건설해 보는 거예요. 재생에너지와 자원을 모아 지역에 필요한 건물이나 발전소를 세워서 에코빌리지를 만들어 보세요."

영상으로 게임의 규칙을 익히고 세팅을 한 다음 게임을 시작했다. 다른 게임처럼 주사위를 굴려 자원을 모으고 그 자원으로 에코빌리지를 건설할 카드를 가져오면 된다.

에코빌리지를 건설하는 데 필요한 자원은 햇빛, 바람, 폐기물, 지열, 바이오, 연구 개발, 시설 설비, 정책 지원이다. 그리고 그 자원으로 할 수 있는 일들은 가정용 태양광 발전, 가정용 소형 풍력 발전기, 지열 발전소, 바이오 열병합 발전소, 해상풍력 발전단지, 바이오매스 발전소, 산간 학교 햇빛 발전소, 해수 온도차 발전소 등의 발전소를 짓거나 다양한 센터를 짓는 것이다. 친환경 폐기물 통합타운, 생물다양성 보존센터, 친환경 주거단지, 기후변화 시민대학, 지속가능발전 교육센터, 공정여행 지원센터, 한파질환 전문병원, 친환경 호텔 등을 지을 수 있다. 또 녹색 장벽, 친환경 묘목 시설, 마을 공용 빗물 저금통, 태양광 도로, 식물공장, 친환경 스마트팜 등의 시설을 만들 수도 있다.

이 게임은 교육적으로 볼 때 재생에너지와 관련된 시설을 익힐 수 있고 새로운 시설을 필요한 나라에 만들어 기후위기를 극복한다는 메시지를 줄 수 있다. 게임의 규칙도 단순해서 익히는 데 시간이 오래 걸리지 않아 한 시간 수업용으로 좋다.

그러나 아이들은 카드를 모으는 데만 관심이 있지, 카드의 내용을 숙지할 여유는 없는 것 같다. 이 게임의 특징은 색깔 주사위를 던졌을 때 그 주사위의 색깔에 해당하는 사람도 똑같이 자원 칩을 받을 수 있다는 것인데, 그래서 이런 이야기가 들린다.

"우이씨, 왜 계속 노랑만 나와? 하늘이 김민지 편애해~."

"이번엔 바람, 나와 주겠지? 바람이 불어오는 곳~(노래를 흥얼거림)."

"나이스!"

또 내가 찜해 놓은 카드를 다른 아이가 먼저 가져가면 짜증을 낸다.

"나 낼게."

"야, 짜증 나! 내가 할 건데⋯⋯ 너무한 거 아냐? 복수하겠어~."

▪ '에코빌리지' 보드게임

이러더니 결국 게임이 끝나고 그런다.

"흐흐, 나랑 같이 엉덩이로 이름 쓸 사람이 누굴까?"

"너희 엉덩이로 이름 쓰기로 했어?"

"네~. 이게 제일 재밌어요. 약간 부루마블 같아요."

보드게임을 하다 보면 유독 몰입해서 즐기는 아이들이 있는데, 반마다, 그날의 기분에 따라 좋아하는 게임이 달랐다. '에코빌리지'는 상호작용이 활발한 게임이다.

그리고 이번 수업에 활용하지는 않았지만 이전에 해 봤거나 고려한 보드게임으로 '내일 지구'와 '빙하의 간격'이 있다. '내일 지구'는 가치를꿈꾸는교사모임에서 개발한 것으로 티핑 포인트의 개념과 탄소중립 방법을 구체적으로 익힐 수 있는 아주 좋은 게임이지만 중학생들에게는 많이 어려울 것 같아 망설이다가 못했다. '빙하의 간격'은 고등학생들과 해 봤는데 기후위기 관련 퀴즈를 풀어야 해서 역시 쉽지 않았다.

지금까지 여러 가지 보드게임을 해 보고 느낀 점은 다음과 같다.

교육용 보드게임은 한 시간에 완성된 수업이 이루어져야 하기 때문에 게임의 규칙이 너무 복잡하면 안 된다. 그리고 게임을 하면서 자연스럽게 관련 개념이 습득되도록 해야 하는데, 관련 개념이 게임의 배경으로만 존재할 뿐, 개념의 응용이 필요 없는 경우가 많다. 이번에 활용한 게임들은 아이들의 수준과 주제 관련성, 교육적 효과를 모두 고려해서 고른 것이지만 교육적 효과를 더 높이려면 그냥 게임만 할 게 아니라 카드의 내용을 숙지할 수 있는 다른 활동과 연계해서 도입해야겠다는 생각이 들었다.

보드게임을 구하는 과정도 쉽지 않았다. 어렵게 찾아낸 보드게임을 구하려 해도 한시적으로 판매한 경우가 많아 절판되었거나 상업적인 경로로 구하기 어려운 경우도 있었다.

마지막으로 기후위기뿐만 아니라 과학 시간에 활용할 만한 교육용 보드게임도 찾기가 어렵기는 마찬가지다. 요즘 교사나 학생들이 보드게임을 개발하기도 하는데, 좀 더 적극적으로 개발과 보급이 이루어져서 학교에서 많이 활용했으면 한다.

참고

- '플라스틱 플래닛' 설명 영상
  https://www.facebook.com/watch/?v= 1127762220760441
- '리커버리' 설명 영상
  https://www.youtube.com/watch?v=_P_2auA0TVQ
- '플레이 넷제로' 설명 영상
  https://www.youtube.com/watch?v=tfcshXAjPq0
- '에코빌리지' 설명 영상
  https://www.youtube.com/watch?v=no1aiq0Terg

번외편

기후위기 프로젝트 수업

이번엔 서울사대부고에서 과학탐구실험 시간에 1학년 학생들과 했던 기후위기 프로젝트 수업을 소개하고자 한다. 기후위기에 관한 다양한 활동을 한 후 마지막에 4주 동안 이 프로젝트를 진행했다. 아이들에게 다음과 같이 안내했다.

"프로젝트는 크게 탐구형, 실천형, 제작형의 세 가지 형태로 나누어 보았어요. 탐구형은 기후위기에 대한 탐구를 하는 건데 탐방, 인터뷰, 설문 조사, 서평 쓰기, 통계 조사, 실험, 조사 등이 여기에 해당돼요. 다음으로 실천형은 기후위기를 극복하기 위한 구체적인 실천을 하는 거예요. 플로깅(조깅이나 산책을 하면서 쓰레기를 줍는 활동), 병뚜껑 모으기, 바자회, 채식, 캠페인 활동 등이 여기에 해당해요. 마지막으로 제작형은 기후위기와 관련한 작품을 만드는 거예요. 새활용품을 제작하거나 포스터, 카드 뉴스 등을 만들어요. 동영상이나 파일, 또는 작품을 직접 제출해도 됩니다. 매주 프로젝트의 진행 상황을 패들렛에 올리고, 마지막에 산출물도 패들렛에 올려 주세요."

이렇게만 설명하면 처음 기후위기 주제를 접하는 아이들이 어떤 주제를 선택해야 할지 막막할 것 같아 내가 생각한 예시를 제시해 주고 간단한 설명을 해 주었다. 그 주제를 선택할 경우 내가 도움을 줄 수 있는 부분도 덧붙였다.

◆ **주제 예시** ◆

채식 다이어트 실천기

채식 식당 지도 만들기

못난이 농산물 주문해 보기

기후변화 관련 앱 조사(공유의 옷장, 라스트 오더)

병뚜껑 모아 새활용플라자 방문하기

제로 웨이스트 숍 방문하기

사용하지 않는 옷, 책 모아 바자회 열기

기후정보포털을 이용해 우리 동네 기후지도 만들기

삼덕마을(에너지 자립마을) 탐방

기후 카페 탐방

기업이나 정치인에게 질의하기

제로 에너지 건축 모형 만들기

이어서 정보 활용 방법과 학술 정보 활용 방법을 설명했다. 공공 데이터 포털, 국가 데이터 포털, 구글 학술 검색을 소개하고 자료를 만들기 위한 앱으로 미리캔버스를 알려 주었다. 학술 논문을 찾을 수 있는 DBpia도 소개했다. 서울사대부고의 경우 기관회원으로 등록되어 있어 아이들은 기관 아이디를 통해 DBpia를 무료로 이용할 수 있었다.

첫 번째 시간에는 아이들이 자유롭게 조를 짜고 조별로 주제를 탐색해서 정하도록 했다. 두 번째 시간부터는 주제에 대해서 조사를 하고 프로젝트를 진행하는데, 매시간 진행 상황을 패들렛에 올리도록 했다. 한 달 프로젝트지만 실제로는 4시간에 불과하고 그나마도 코로나 확산으로 인해 온라인 수업이 진행된 주도 있어서 오랜 시간을 들여 꾸준히 진행하기에는 무리가 있었다. 그런 와중에도 아이들은 다양한 주제에 도전을 했다.

3주차 되던 주, 민정이네 조가 수업 시간에 일찍 왔다.

"샘~ 오늘 뭐 해요?"

"오늘? 프로젝트 진행하지."

"샘, 저휜 다 했어요. 새활용플라자와 플라스틱방앗간에 다녀왔어요."

"샘한테 동영상 빨리 보여 드리고 싶어서 일찍 왔어요."

아이들은 입을 모아 말했다.

프로젝트의 첫 번째 완성작이었다. 이 조는 병뚜껑을 모아 플라스틱방앗간에 가져다주고 새활용플라자를 탐방한 내용을 동영상으로 만들었다.

"어머, 정말 잘했다. 언제 동영상을 다 만들었어?"

"학교에 오지 않는 동안 두 곳도 다녀오고 동영상도 완성했어요. 빨리 자랑하고 싶어서 가슴이 막 뛰었어요."

아이의 뿌듯함이 그대로 느껴졌다. 민정이는 기후위기를 주제로 자율봉사 동아리도 열심히 했던 아이여서 너무나 기특했다.

화학반인 시우네 조는 프로젝트팀 중 유일하게 기후위기에 대한 실험을 했다. 실험은 두 가지 방법으로 진행되었다.

- **해수면 상승 실험**

한 컵에는 물을 넣고 얼음을 띄운다. 다른 컵에는 물에 스티로폼을 넣고 그 위에 얼음을 띄운다. 얼음이 녹은 후 두 컵에서 수면 높이의 변화가 있는지 관찰하고 결과를 비교한다.

그 결과 물에 얼음을 띄운 컵에서는 물의 높이가 상승하지 않았고, 스티로폼 위에 얼음을 띄운 컵에서는 물의 높이가 상승했다.

• **해양 산성화 실험**

식초, 사이다, 물을 준비한다. 리트머스 종이로 용액의 액성을 확인한다. 식초와 사이다는 산성이고 물은 중성이다. 여기에 탄산칼슘이 주성분인 달걀 껍데기를 넣어 반응을 관찰한다.

그 결과 식초와 사이다에 탄산칼슘을 넣은 것은 기포가 발생하면서 녹았다. 반면에 물과 탄산칼슘은 반응하지 않았다. 산성이 강할수록 탄산칼슘이 더 많이 녹았다.

간단한 실험이지만 기후위기의 영향을 알아볼 수 있는 실험을 직접 설계하여 수행했다는 것에 높은 점수를 주었다. 시우네 조의 실험 결과와 조사에 따르면 북극은 빙하가 바닷물 위에 떠 있어 빙하가 녹아도 해수면 상승에 영향을 거의 미치지 못한다. 그러나 육상의 빙하나 남극의 빙하는 육지에 있는 얼음이므로 빙하가 녹을 경우 해수면이 상승하게 된다. 그 두 가지 경우의 차이를 간단한 실험으로 설명해 낸 것이다.

이 프로젝트는 내 페이스북 포스팅을 유심히 본 이경숙 기자에 의해 《한겨레》 '서울 쏙 과학'에 실렸다. 아이들은 자기 이름이 기사에 나오니 신기하다며 좋아했다.

그 외에 평소 자신의 진로나 흥미를 기후위기와 연결하여 프로젝트를 진행한 아이들이 많았다. 클라이파이 소설(Cli-Fi, 기후소설)을 읽

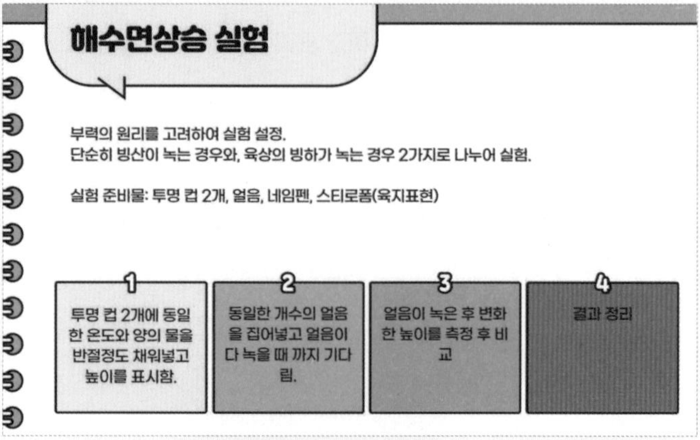
해수면상승 실험
부력의 원리를 고려하여 실험 설정.
단순히 빙산이 녹는 경우와, 육상의 빙하가 녹는 경우 2가지로 나누어 실험.
실험 준비물: 투명 컵 2개, 얼음, 네임펜, 스티로폼(육지표현)
1
투명 컵 2개에 동일 한 온도와 양의 물을 반절정도 채워넣고 높이를 표시함.
2
동일한 개수의 얼음을 집어넣고 얼음이 다 녹을 때 까지 기다림.
3
얼음이 녹은 후 변화한 높이를 측정 후 비교
4
결과 정리

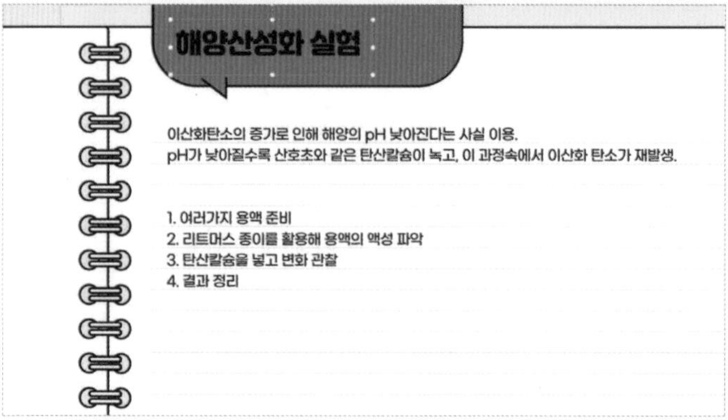
해양산성화 실험
이산화탄소의 증가로 인해 해양의 pH 낮아진다는 사실 이용.
pH가 낮아질수록 산호초와 같은 탄산칼슘이 녹고, 이 과정속에서 이산화 탄소가 재발생.
1. 여러가지 용액 준비
2. 리트머스 종이를 활용해 용액의 액성 파악
3. 탄산칼슘을 넣고 변화 관찰
4. 결과 정리

- 발표 자료

▪ 스티로폼 위에 올린 얼음(왼쪽)과 그냥 물에 넣은 얼음

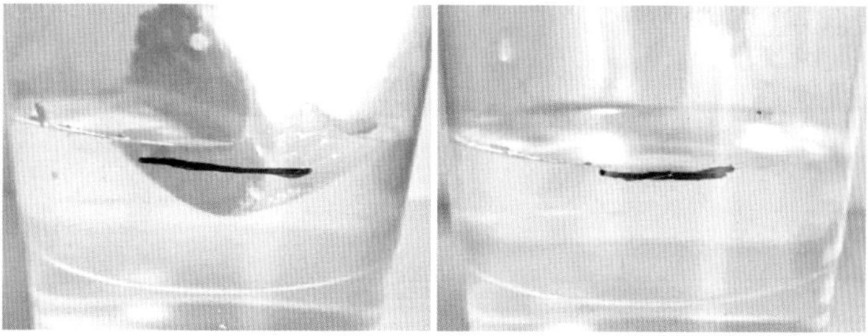

▪ 얼음이 녹은 후 스티로폼 위에 얼음을 올린 경우만 수면이 상승(왼쪽)

고 기후위기에 관한 짧은 콩트를 쓰거나 기후위기 내용을 가사로 작성해서 랩과 영상을 만든 아이도 있었다. 해양 쓰레기를 주제로 짧은 애니메이션을 만든 아이, 멸종 위기 생물들을 보호하기 위한 프로그램을 코딩한 아이, 건축에 관심이 많아 제로 에너지 하우스 모형을 제작한 아이도 있었다. 아이들마다 완성도는 들쑥날쑥했으나 완성도와 상관없이 진로에 대한 탐색과 기후위기에 대한 이해를 모두 잡

▪ 제로 에너지 하우스 모형을 제작하는 아이들

▪ 완성된 제로 에너지 하우스 모형

았다는 데 의의가 있었다.

탐방을 택한 아이들은 근처의 에너지 자립마을인 삼덕마을을 방문하거나 이지하우스, 서촌의 기후 카페, 채식 카페, 제로 웨이스트 숍 등을 다녀왔다. 아이들은 이런 프로젝트가 아니면 가지 않았을 곳에 가서 새로운 경험을 했다고 말했다. 어떤 조는 채식 카페를 탐방하고 나서 카페를 디자인하고 메뉴를 정하는 등 직접 새로운 채식 카페를 기획하기도 했다. 채식 요리 만들기에 도전한 조도 여럿이었다. 이를 통해 채식이 나름 힙한 주제임을 알 수 있었다.

바자회를 기획해서 선생님들과 아이들에게 물품을 걷고, 들고 다니며 물물교환을 한 조도 있었고, 기후위기를 알리는 포스터나 카드뉴스를 제작하거나 설문 조사를 한 조도 많았다. 버려지는 자원을 이용해서 정체불명의 예술 작품을 만든 아이들도 있었다.

생각보다 다양한 주제가 나와서 지도하는 동안 재미있었다. 비록 1학년 모든 학생들의 생활기록부에 관련 내용을 기록하느라 고생은 좀 했지만 의미 있는 수업이었다.

수업의 흐름(4주 수업)

1주 프로젝트 관련 설명 & 조, 주제 정하기

2, 3주 프로젝트 진행 & 진행 사항, 자료 패들렛에 올리기

4주 최종 산출물 제출하고 프로젝트 발표

참고

- 《한겨레》, 〈빙산과 빙하, 녹을 때 해수면에 다른 영향 주는 이유는?〉, 2021.12.23 https://www.seouland.com/arti/culture/culture_general/9058.html?fbclid=IwAR1eJc7M7A1Dk6ktC1TriZ0zh1x35DqZh5p1oUZjf74mSjgm-mE0EQ08bqk

번외편

기후위기 동아리 활동

학기 초에 3학년 아이들을 대상으로 야심 차게 '기후행동반'이라는 동아리를 개설했는데 아이들이 얼마 모이지 않았다. 어떻게 해야 하나 고민하다가 2학년의 에너지수호천사단과 함께 활동하기로 했다. 고등학교에서는 계속 화학반을 맡았던 터라 기후행동반에서는 무엇을 해야 하나 고민하던 중에 교육청에서 환경 관련 프로그램을 지원하는 것을 알게 되었다. 환경단체에서 주관하는 프로그램 중에서 괜찮은 프로그램을 선택해서 신청하면 예산을 지원해 주는 형식이었다.

동아리 활동을 같이 하기로 한 선생님이 소개해 주셔서 일단 프로그램들을 살펴보았다. 학교에서 내가 충분히 할 수 있는 활동이나 단순 강의는 지양하고 내가 지도하기 힘든 수업, 활동 중심의 수업을 찾았다. 그래서 내 눈에 들어온 것이 마을기술센터 핸즈였다. 마을기술센터 핸즈는 적정 기술을 기반으로 해서 재생에너지 관련 장치를 만들고 교육하는 단체다. 이렇게 인연이 되어 1년 동안 핸즈와 함께 프로그램을 진행했다.

결과적으로 탁월한 선택이었다. 기본적인 지원과 지도만 해 주면 자율적으로 굴러가는 고등학교와 달리 중학교에서는 교사가 일일이 동아리 활동에 관여해야 한다. 3시간짜리 수업이 오롯이 교사의 몫인데, 이 시간을 매번 기획해서 진행하기란 쉽지 않다. 게다가 적정 기술이나 태양광 관련 활동은 나도 잘 모르는 분야다. 그런데 핸즈와 함께한 덕분에 새로운 활동을 할 때마다 나도 같이 체험하며 배울 수 있었다. 기억나는 수업 몇 가지를 소개한다.

첫 번째 수업은 '태양광 전지랑 놀기'다. 여러 가지 실험을 하며 태양광 전지에 익숙해지는 것이다.

1. 아두이노를 이용해서 LED 켜기
2. 아두이노를 이용해서 LED와 선풍기 작동하기
3. 블루투스로 LED 2개, 선풍기 제어하기
4. 태양광 자동차 앱으로 조종하기

장치를 만들기 위해서는 회로를 연결해야 했다. 아이들은 기술 시간에 아두이노를 접해 봤다며 잘 따라왔다. 예전에 비해 지금 여학생들은 남학생들과 동일한 교육과정에 노출되다 보니 기술에 대한 젠더 격차가 줄어든 느낌이다.

그다음엔 역시 놀아야 제맛! 화학실에서 태양광 자동차의 조작 방법을 대강 익힌 후 운동장으로 나갔다. 그리고 두 팀으로 나누어 태양광 자동차로 공을 밀어 골대에 넣는 시합을 했다. 누가 같은 편인지, 어디로 골을 넣어야 하는지 잘 모르지만, 자신이 태양광 자동차를 원격 조종하여 공을 몰고 있다는 쾌감과 성취감을 느끼며 결국 3골을 넣는 데 성공했다!

▪ 아두이노 이용해서 LED 켜기

▪ 태양광 자동차 조종해서 축구하기

마지막엔 실제 사례를 살펴보며 태양광 디자인에 관한 설명을 듣는 것으로 마무리했다. 요즘은 태양광 전지도 미적 감각을 고려한 멋진 디자인이 많다는 것을 알게 되었다.

두 번째 수업은 LED 등 만들기다.

1. 사포 작업하기
2. LED 바 조립 및 고정하기
3. 몸체 연결하고 바닥 고정하기
4. 회로 연결하기
5. 글루건으로 마무리하기

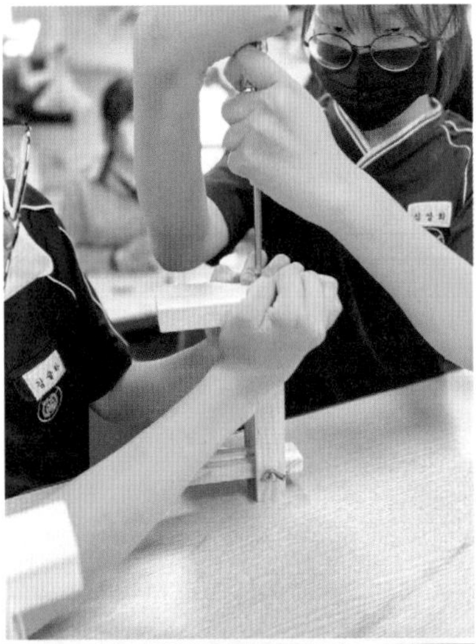

▪ LED 등 만들기

아이들은 각자 하나씩 LED 등을 만들었다. LED는 일반 전구보다 전력을 90퍼센트 절약해서 전기료를 87퍼센트나 줄일 수 있다. 게다가 5만 시간가량 사용이 가능하다. 형광등과는 달리 수은이 없어 친환경적이기도 하고 다양한 컬러, 밝기 등으로 감성적인 조명과 분위기를 연출할 수 있다.

'저 우아한 손놀림 보소.'

여학생들이 능숙하게 공구를 다루고 회로를 연결하는 것을 보면서 괜히 흐뭇해졌다.

세 번째 수업은 햇빛 분수 만들기다.

햇살이 강렬하던 여름날, 햇빛 분수, 자전거 분수, 줄넘기 발전기를 만들었다.

햇빛 분수는 태양 전지판에 비친 햇빛을 이용해서 만든다. 자전거 분수는 자전거에 DC 모터를 발전기로 연결해서 만든다. 줄넘기 발전기는 줄넘기 안에 발전기와 정류회로, 컨버터, 배터리 등을 넣어서 회전 운동에너지를 전기에너지로 변환해서 저장했다가 사용하는 것이다. 줄넘기를 한 후 선풍기를 연결하면 선풍기가 돌아간다. 핸즈의 정해원 선생님이 재료를 트럭으로 실어 와서 땀을 뻘뻘 흘리며 설치해 주셨다. 아이들은 플라스틱 관을 마음대로 연결하여 물길을 만들고 자신만의 분수를 완성했다. 그러고는 그동안 흘린 땀을 보상이라도 받으려는 듯 쏟아져 오르는 물줄기로 뛰어들었다. 물을 맞으며 춤

▪ 햇빛 분수 만들기

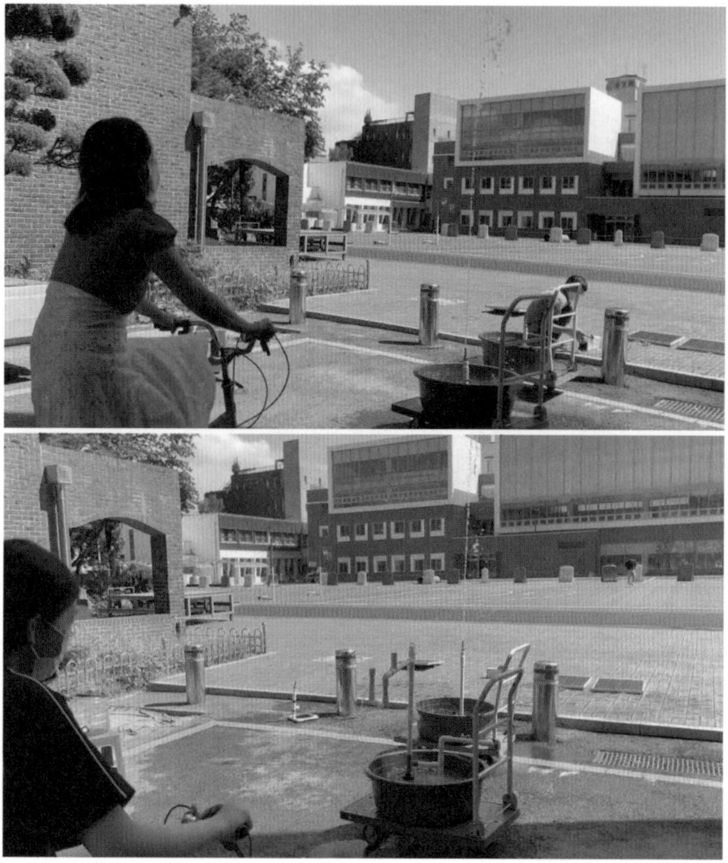

▪ 자전거 분수

을 추는 등 아주 신이 났다.

2학년의 난리 블루스를 지켜만 보고 있는 3학년 아이들에게 물었다.

"왜 니들은 물놀이 안 하는 거야?"

"늙어서 그래요."

"그래, 니들은 늙었으니 쉬어라. 내가 치마 입고 자전거 타 볼게."

나는 자전거를 돌리며 솟구쳐 오르는 물줄기가 태양 빛에 반짝이는 것을 보았다. 햇빛의 에너지를 실감하면서 무더운 여름이, 햇살이 무척 고마웠다.

참조

이 수업은 마을기술센터 핸즈가 진행한 수업이다.

참고

- 마을기술센터 핸즈
  https://handz.or.kr/program
- 『태양광 메이커 교과서』, 정해원, 보누스

번외편

기후위기 모임 꾸리기

기후위기 수업을 본격적으로 실행해 봐야겠다고 결심하고 가장 먼저 한 일은 학교에서 교원 학습 공동체(교학공)를 만드는 것이었다. 무슨 일이든 혼자 할 수는 없으니까. 그리고 가까운 시공간에 머무는 사람들이 가장 함께하기 좋은 법이니까. 사실 부설학교에서 교학공을 야심 차게 모집하는 것을 보고 그런 결심을 굳히는 계기가 되었다.

아무튼 학교에서 함께할 선생님을 찾았는데 다들 의미는 있으나, 하고는 싶으나 바빠서 여력이 없다고 했다. 많은 선생님들의 망설임과 거절을 뒤로하고 5명의 교사가 모였다. 생물 선생님, 물리 선생님, 미술 선생님, 사회 선생님, 그리고 나. 내가 할 수 있는 최선이었다. 기후위기에 대한 기본 지식도, 하고 싶은 것도, 기대도 모두 다르지만 그래도 기후위기 교육에 대한 관심과 열정을 가지고 모인 우리는 먼저 이름부터 지었다. '모두를 위한 내일'이라고.

우리는 프로젝트 계획서를 내고, 예산을 배정받은 후 기후위기 수업을 위한 모임을 시작했다. 모임에 필요한 예산은 충분히 확보되었으니 부지런히 그 예산을 써야 했다. 먼저 기후위기 관련 도서들을 사들인 후 독서 모임을 했다. 다음으로 워크숍을 기획했는데, 다양한 전문가들이 참여해 주었다.

첫 번째 워크숍에서는 김추령 선생님에게서 '한 줄 토론' 하는 법을 배웠고, 두 번째 워크숍에서는 로컬에너지랩의 신근정 대표에게서 학교 탄소 배출량을 계산하는 활동을 배웠다. 세 번째 워크숍에서는 플라스틱 플래닛을 개발한 오가희 대표에게서 환경과 관련한 보드게임을 배웠다. 네 번째 워크숍은 이지하우스를 설계하고 시공한 김웅신 박사님을 초대하여 제로 에너지 건축에 대한 이야기를 들었다. 다섯 번째 워크숍은 새활용플라자의 강사님들을 초대하여 폐 포스터로 노트 만들기, 광고 배너로 무드등 만들기 등의 새활용 활동을 해 보았다.

이렇게 전문가를 초청하여 필요한 지식이나 아이디어를 얻은 후 그 내용을 수업에 활용하는 작업을 진행했다. 마지막에는 각자 진행한 수업 내용을 모아서 보고서를 만들었다. 수학 선생님은 통계 자료가 2개 이상씩 들어가 있어야 한다는 전제를 붙여 기후변화 또는 환경 보호에 관한 캠페인 포스터 만들기를 한 사례를 소개해 주었고, 미술 선생님은 빈 유리병을 활용하여 보틀 디자인을 한 사례를 알려 주었다.

이렇게 첫해를 나름 알차게 활동하고 나서 생태 관련 다른 교학공과 합치고 다른 부설학교 선생님들도 회원으로 받아들여 '모두를 위한 내일' 2기를 열었다. 두 번째 해에는 대표를 내려놓고 좀 더 편하게 참여했다. 역시 필요한 책이나 수업 자료를 구입하기도 하고 서울시 교육청의 윤상혁 장학사님, 환경교육연구소의 장미정 소장님을 초청하여 환경교육의 사례를 배우기도 하면서 수업에 필요한 지원을 받을 수 있었다.

기후위기 수업을 시작할 때 결심한 대로, 학교 밖의 자원을 활용해서 수업을 기획하기 위한 지원을 교학공을 통해 이루어 냈다고 할 수 있다. 물론 전문가를 섭외하고, 워크숍을 진행하고, 마지막에 보고서를 쓰는 일이 결코 쉽지는 않았지만 첫해에는 뜻이 잘 맞는 총무 정해련 선생님의 지원으로 힘든 줄 모르고 재미있게 진행했다. 올해도 '모두를 위한 내일' 3기를 이어 간다. 올해는 텃밭 수업을 시작했는데, 그쪽 관련한 활동을 함께 모의해 보려 한다.

기후위기 관련해서 교학공 외에 도움을 주고받는 공동체가 많다. ESC 지구환경에너지위원회에는 대기과학자인 조천호 님을 비롯하여 많은 전문가들이 있어 함께 토론하고 공부하고 집회에 참여하고 있다. 과학교사모임인 '신나는 과학을 만드는 사람들'에는 내가 기후위기 소모임을 만들어서 팀장을 맡고 있다. 삼척의 바닷가에서 함께 바다유리를 줍고 양말목 공예도 하면서, 기후위기 교육을 함께 고민한다. 그 외에 다양한 전문가가 모여 있는 기후위기 독서모임이나 눈팅만 하고 있는 성북기후위기비상행동 등이 내가 참여하고 있는 단톡방 모임들이다. 이 모든 모임에서 기후위기와 탄소중립에 대한 정보를 얻고 전망을 보고 희망과 열정을 배운다.

궁금한 게 있거나 전문가의 조언이 필요할 때 바로 도움을 줄 수 있는 사람들과 네트워킹이 되어 있고 대응이 필요한 이슈에 함께 연대할 수 있어 너무 든든하다. 기후위기의 해답도, 교육의 해법도 바로 연대에 있다.

▪ 교학공 워크숍 모습

번외편

기후위기와 탄소중립

책 읽기

앞에서도 말했듯이 '모두를 위한 내일'에서 가장 먼저 한 일은 책을 구입한 것이었다. 기후위기 수업을 계획하기 전에 먼저 공부를 해야 했다. 그런데 참여자들의 기후위기에 대한 소양이 다르고 과목에 따라 관심사도 달랐다. 출발은 소박하게 하고 욕심 내지 말자고 했지만 좋은 책을 접할 기회는 최대한 제공하고 싶었다. 그래서 책을 함께 구입하고 몇 번의 독서모임을 했다. 그 외에는 최대한 다양한 책을 구입해 놓고 각자 읽고 싶은 책을 취향대로 읽도록 했다. 그다음 해에는 본격적으로 수업을 기획하면서 도움이 될 만한 책과 청소년이 읽기 좋은 책을 주로 구입해서 보았다.

그렇게 모으고 살펴본 기후위기 관련 책을 지극히 주관적인 관점으로 소개해 보겠다.

먼저 기후위기와 탄소중립에 대한 기본 소양을 쌓기 위한 책을 3권만 추천하라면 첫 번째로 조천호 님의 『파란하늘 빨간지구』를, 두 번째로 김추령 님의 『내일 지구』를, 세 번째로 빌 게이츠의 『빌 게이츠, 기후재앙을 피하는 법』을 고르고 싶다.

조천호 님은 기후위기 분야에서 대중 강연을 가장 많이 하시는 대표적인 대기과학자다. 『파란하늘 빨간지구』는 전문가답게 기후위기의 모든 것을 전문적 자료로 풀면서 논리적으로 잘 정리해 놓았다. 그에 비해 지구과학 선생님인 김추령 님의 책은 감성이 돋보인다. 『내일 지구』에서 그녀가 고른 세 가지 키워드를 설명하는 방식을 보면 묘사가 자세하고 감성적이다. 세 번째로 빌 게이츠의 책을 추천하는 이유는 탄소 배출을 줄이기 위한 모든 과학 공학적 방법을 총망라해서 서술해 놓은 책이기 때문이다.

그 외에 필리프 스콰르조니의 『만화로 보는 기후변화의 거의 모든 것』도 좋다. 만화라서 더 좋은데, 만화가가 기후위기를 공부하면서 알게 된 내용을 폭넓게 다루고 있다. 김백민 님의 『우리는 결국 지구를 위한 답을 찾을 것이다』도 추천한다. 기후학자로서 다른 책에서 볼 수 없는 관점과 설명을 제공한다.

청소년을 위한 책으로는 박지선·박영희·한문정 님의 『단번에 개념 잡는 기후변화』, 이지유 님의 『기후 변화 쫌 아는 10대』, 박재용 님의 『탄소 중립으로 지구를 살리자고?』를 추천하고 싶다. 위에 추천한 책들은 청소년용으로도 좋지만 살짝 난이도가 있다. 과학적 소양을 어느 정도 갖춘 고등학생에게 어울린다고 할까? 중학생 정도의 학생들에게는 좀 더 말랑말랑하거나 쉽게 풀어쓴 책이 좋을 것이라 생각한다. 이지유 님과 박재용 님은 과학 교양서 전문 작가로서 주제를 의미 있게 살리면서도 쉽고 재미있게 내용을 서술한다.

『단번에 개념 잡는 기후변화』는 내가 저자로 참여한 책인데, 기후위기를 설명하기 이전에 기상과 기후 관련한 기본 개념을 먼저 설명하고 뒤에서는 그린뉴딜과 신재생에너지, 청소년들의 참여를 다루었다는 점에서 다른 책들과 차별점이 있다. 최근에 나온 구희 님의 『기후위기인간』도 웹툰으로 연재되던 것을 책으로 엮은 것이라 재미있으면서도 유익해서 청소년용 도서로도 괜찮을 것이다.

탄소중립과 그린뉴딜에 대한 소양을 쌓고 싶다면 김병권 님의 『기후위기와 불평등에 맞선 그린뉴딜』, 제러미 리프킨의 『글로벌 그린뉴딜』, 나오미 클라인의 『이것이 모든 것을 바꾼다』와 『미래가 불타고 있다』를 추천하고 싶다. 딱 한 권만 읽는다면 김병권 님의 『기후위기와 불평등에 맞선 그린뉴딜』을 추천한다. 본격적으로 신자유주의와 그린뉴딜에 대한 통찰을 얻으려면 나오미 클라인의 『이것이 모든 것을 바꾼다』를 읽는 것도 좋다. 그리고 제러미 리프킨의 『글로벌 그린 뉴딜』도 인류의 문명을 에너지 전환의 관점으로 통찰할 수 있는 좋은 책이라 일독을 권한다.

자, 이 정도로 기후위기에 대한 과학적 소양과 리터러시를 쌓았다면 다음 단계로 넘어가 볼까?

다음은 기후위기에 대한 소설 읽기다. 기후위기를 다룬 소설이 어느덧 하나의 장르가 되었는데, 바로 클라이파이 소설Cli-Fi, Climate Fiction이다. 외국에서 출간된 유명한 작품들은 대부분 번역이 되지 않아서 국내 작품들을 위주로 찾아보았다.

그중 대표적인 것이 『기후변화 시대의 사랑』이다. 짧은 소설들을 모아 놓은 SF 앤솔로지 『일인용 캡슐』도 있다. 『기후변화 시대의 사랑』처럼 한 작가가 하나의 문제의식을 가지고 쓴 연작도 좋지만 『일인용 캡슐』처럼 기후위기를 주제로 여러 명이 쓴 작품을 모아 놓은 것도 좋다. 간혹 기후위기를 주제만 차용해서 가볍게 다루다 보니 기후위기에 대한 오개념이 우려가 되긴 하지만 그런 것도 클라이파이 소설이 자리를 잡아 가는 한 과정일 거라고 생각한다.

외국 소설 중에는 『카본 다이어리 2015』를 읽어 보았다. 기후위기로 인한 재난의 시대를 살고 있는 10대의 소녀가 주인공인데 절망의 시절에도 이어지는 삶의 이야기를 구체적으로 그리고 있다. 그 외 본격적인 클라이파이 소설은 아니지만 나의 최애 작가인 김초엽 님의 『지구 끝의 온실』도 재난 시대의 희망을 그리고 있어 좋았다.

사실 더 묵직하고 본격적인 클라이파이 소설을 읽어 보고 싶다. 클라이파이 소설이 대부분 재난에 관한 이야기이고 절망적인 상황을 담고 있지만, 재생에너지로 이루어진 새로운 미래 사회를 다루는 희망적인 소설도 출간되고 있다고 한다. 사람들은 기후위기의 팩트를 다룬 딱딱한 책보다 미래의 삶을 스토리로 풀어 주는 방식을 좋아하고, 상상을 구체적으로 그려 주는 소설에 훨씬 끌릴 것이다. 또한 팩폭에 가까운 절망보다는 희망의 삶을 보여 주는 것이 중요할 것이다. 재난의 시대에도 삶은 계속되니까.

그 외에 다양한 분야에서 기후위기를 다루는 책들이 있다. 『탄소사회의 종말』은 기후위기를 인권의 차원에서 다루고, 『기후정의』는 기후위기를 말 그대로 기후정의의 관점에서 다룬다. 『플랜 드로다운』은 탄소중립을 위한 다양한 실천을 모아 놓은 책이다. 『식량이 문제야!』 『탄소로운 식탁』 『왜 육식이 문제일까?』는 먹거리 문제를 본격적으로 다루고 있다.

그리고 『기후를 위한 경제학』 『지구를 살린 위대한 판결』 『기후변화의 심리학』 『지속가능한 여행을 하고 있습니다』는 각각 경제학, 법, 심리학, 지리학 쪽에서 기후위기를 다루고 있다. 기후위기와 환경 내용을 잡지처럼 구성한 『바질』은 미술 선생님이 특히 좋아하셨다. 『줄이는 삶을 시작했습니다』 『제로 웨이스트는 처음인데요』 『무해한 하루를 시작하는 너에게』처럼 제로 웨이스트 관련 책들도 많다. 모든 책을 읽은 것은 아니지만 어떠한 책을 어떻게 활용할 수 있을지 파악하게 된 것은 수업을 구상할 때 도움이 많이 되었다.

본격적으로 이번 수업을 기획하면서 도움을 가장 많이 받은 책은

『오늘부터 시작하는 탄소중립』『십 대가 꼭 알아야 할 탄소 중립 교과서』다. 『오늘부터 시작하는 탄소중립』은 내가 기획한 수업과 구성이 유사해서 주제별로 참고를 많이 했다. 수준도 중학생 수준에 적절하고 내용이 알차서 도움이 되었다. 『십 대가 꼭 알아야 할 탄소 중립 교과서』는 중학교 3학년에서 에너지 전환에 대한 기후위기 수업을 할 때 주 교재처럼 활용했다. 그래픽 위주로 되어 있어 수업 자료를 만들기에도 좋았다.

기후위기 관련한 토론 책으로 『지금 당장 기후 토론』도 있다. 이 책에서 지금 당장 기후 토론을 하라기에 ESC 지구환경에너지위원회에서 저자인 김추령 선생님의 주도로 토론 워크숍을 진행했다. 책의 내용 중 몇 가지 주제를 다루었는데 토론도 재밌고 무척 유용했다. 언젠가 수업으로 녹여 내야겠다. 그 외에 『기후 환경 보드게임북』『지구를 살리는 기후위기 수업』『지속가능한 미래를 위한 기후변화 데이터북』 등도 수업에 활용할 만한 내용을 담고 있다.

지금 소개한 책들은 글머리에 이야기했듯이 어디까지나 주관적인 도서 목록이다. 내가 아직 찾아내지 못한 보석 같은 책들이 얼마든지 있을 것이기 때문이다. 그리고 탄소중립 관련 책들은 몇 년 전만 해도 찾기 어려웠으나 지금은 많이 나오고 있다. 계속 찾아 읽고 공부해야 한다. 그리고 역시 책은 함께 읽고 토론하는 게 제일 재밌다.

기후위기와 탄소중립 책 읽기

『파란하늘 빨간지구』 — 조천호, 동아시아

『내일 지구』 — 김추령, 빨간소금

『빌 게이츠, 기후재앙을 피하는 법』 — 빌 게이츠, 김영사

『만화로 보는 기후변화의 거의 모든 것』 — 필리프 스쿼르조니, 다른

『우리는 결국 지구를 위한 답을 찾을 것이다』 — 김백민, 블랙피쉬

『단번에 개념 잡는 기후변화』 — 박지선·박영희·한문정, 다른

『기후 변화 쫌 아는 10대』 — 이지유, 풀빛

『탄소 중립으로 지구를 살리자고?』 — 박재용, 나무를심는사람들

『기후위기인간』 — 구희, 알에이치코리아(RHK)

『기후위기와 불평등에 맞선 그린뉴딜』 — 김병권, 책숲

『글로벌 그린 뉴딜』 — 제러미 리프킨, 민음사

『이것이 모든 것을 바꾼다』 — 나오미 클라인, 열린책들

『미래가 불타고 있다』 — 나오미 클라인, 열린책들

『기후변화 시대의 사랑』 — 김기창, 민음사

『일인용 캡슐』 — 김소연·윤해연·윤혜숙·정명섭, 라임

『카본 다이어리 2015』 — 새시 로이드, 살림Friends

『지구 끝의 온실』 — 김초엽, 자이언트북스

『탄소 사회의 종말』 — 조효제, 21세기북스

『기후정의』 — 한재각, 한티재

『플랜 드로다운』 — 폴 호컨, 글항아리사이언스

『식량이 문제야!』 — 이지유, 위즈덤하우스

『탄소로운 식탁』 — 윤지로, 세종서적

『왜 육식이 문제일까?』 — 이수종, 반니

『기후를 위한 경제학』 — 김병권, 착한책가게

『지구를 살린 위대한 판결』 — 리처드, J. 라자루스, 메디치미디어

『기후변화의 심리학』 — 조지 마셜, 갈마바람

『지속가능한 여행을 하고 있습니다』 — 헐리 터펜, 한스미디어

『바질』 — 바질 편집부, 월든

『줄이는 삶을 시작했습니다』 — 전민진, 비타북스

『제로 웨이스트는 처음인데요』 — 소일, 판미동

『무해한 하루를 시작하는 너에게』 — 신지혜, 보틀프레스

『오늘부터 시작하는 탄소중립』 — 권승문·김세영, 휴머니스트

『십 대가 꼭 알아야 할 탄소 중립 교과서』 — 인포비주얼연구소, 더숲

『지금 당장 기후 토론』 — 김추령, 우리학교

『기후 환경 보드게임북』 — 박찬정, 애플북스

『지구를 살리는 기후위기 수업』 — 이영경, 한언

『지속가능한 미래를 위한 기후변화 데이터북』 — 박훈, 사회평론아카데미